KB275707

이어령의 교과서 넘나들기

콘텐츠 크리에이터 **이어령** | 글 **장영준** | 그림 **김기수** | 기획 **손영운**

언어편 18 언어란 무엇인가?

살림

생각을 넘나들며 다양한 지식을 익히는
융합형 인재가 되세요!

우리는 지난 몇 년간 엄청난 변화를 겪었습니다. 과학기술과 정보통신기술의 비약적인 발전으로 인해 지난 시절 몇 세기에 걸쳐 누적된 삶의 변동보다 훨씬 더 크고 빠른 변화를 경험해야 했던 것이지요. 스마트폰 같은 디지털 기기들과 트위터, 페이스북 같은 소셜 네트워크 서비스들은 불과 1~2개월의 시간 동안 우리 삶의 방식을 일순간에 바꾸어 놓았습니다. 당연히 지난 시절에 유용했던 생각과 지식 역시 크게 달라질 수밖에 없습니다. 이럴 때 우리 아이들은 미래를 위해 무엇을 준비하고 공부해야 할까요?

저는 이런 이야기를 좋아합니다. 옛날 어떤 사람이 우연히 산속에서 신선을 만났습니다. 신선에게 소원을 말하면 들어준다는 말에 그 사람은 신선을 붙들고 놓아 주지 않았지요. 그리고 신선에게 말했습니다. "저기 저 바위를 황금으로 바꿔 주세요." 다급해진 신선 이 지팡이를 휘둘러 커다란 바위를 황금으로 바꾸어 주었습니다. "이제 놓아다오." 그때 그 사람이 눈을 반짝이며 말했습니다. "소원이 바뀌었어요. 그 지팡이를 제게 주세요."

이 이야기는 단순히 고기 잡는 방법을 가르쳐야 한다는 말이 아닙니다. '황금'이라는 창조물에서 황금을 창조하는 '방법'으로 생각을 이동시킬 수 있는 능력이 중요하다는 말입니다. 우리 아이들이 주역이 될 미래는 다양한 방면으로 바라보고 가로지르고 융합할 수 있는 '생각의 능력'이 더없이 중요해지는 시대입니다.

콜럼버스의 일화를 소개할까요. 콜럼버스가 신대륙에 상륙했을 때 어딘가에서 새소리가 들렸습니다. 콜럼버스는 그 새소리를 종달새 소리라고 적었지만, 나중에 밝혀진 바로는 그곳에 종달새는 살지 않았답니다. 콜럼버스는 자신이 알고 있는 지식에 묶여 새(bird)소리를 새(new) 소리로 듣지 못했던 것입니다. 이런 관습적인 사고가 과거의 생각 방식이었다면 이제 중요해지는 것은 '순환적인 사고'와 '양면적인 사고', 서로 다른 분야를 함께 생각할 수 있는 '복합적인 사고'입니다.

다행히 우리 민족은 이미 오래전부터 이런 사고방식을 부지불식간에 사용하고 있었습니다. 언어적으로 봐도 서양은 한쪽 면만 표현하는 반면 우리는 항상 양면성을 고려했습니다. 고층건물에 있는 '엘리베이터'는 그 뜻을 해석하면 이상합니다. '오르는 기계'라는 뜻이니까요. 우리는 '승강기'라고 씁니다. '오르내리는 기계'라는 뜻이지요. '열고 닫는다'는 뜻의 '여닫이', 나가고 들어온다는 뜻의 '나들이', 이런 어휘들은 양면적인 사고가 잘 반영되어 있습니다.

　순환적 사고란 무엇일까요. 가위, 바위, 보에서 '가위'의 의미에 주목해 보도록 하지요. 바위와 보만 있는 세계는 항상 결과가 자명한 세계입니다. 모두 오므리거나 모두 편 것, 이것 아니면 저것만 있는 세계에서는 다양함이 나올 수 없습니다. 그러나 '가위'가 있어서 가위, 바위, 보는 예측 불가능한 결과를 가져올 수 있는 다양성을 갖게 됩니다. 우리는 바로 그 '가위'와 같은 것을 상상해 내고 생각할 줄 알아야 합니다.

　그러자면 서로 다른 분야를 넘나들면서 다양한 지식을 융합적이고 통섭적으로 습득해야 합니다. 쓰고 남은 천들은 버려지는 것이 아니라 조각보로 훌륭하게 다시 만들어질 수 있고, 배추 쓰레기가 '시래기'라는 웰빙음식으로 재탄생할 수 있게 만드는 지식의 습득과 활용이 필요합니다.

　그렇게 자라난 우리 아이들은 과거와는 다르게 모두가 1등이 될 수 있는 사회에서 풍요로운 삶을 살 수 있을 것입니다. 저는 늘 이렇게 말합니다. "남다른 생각과 지식을 가지고 360도 방향으로 제각기 뛰어나가 그 분야에서 1등이 되어라. 옛날처럼 성적순으로 1등부터 꼴찌까지 줄 세우는 시절이 아니다. 그렇게 저마다의 소질과 생각에 맞는 분야에서 1등이 되어 손 맞잡고 강강술래를 돌아라. 그런 아름다운 세상에서 살아라."라고 말이지요.

　스티브 잡스는 스탠퍼드 대학교의 엘리트들에게 이렇게 말했습니다. "Stay hungry, stay foolish!" 졸업하면 성공이 보장된 인재들에게, 그리고 최고의 지성으로 무장한 졸업생들에게 '항상 바보 같아라'라고 말한 것은 어떤 의미일까요. 기존의 지식으로 무장한 사람일수록 세상을 바꿀 뛰어난 생각은 바보같이 느껴진다는 의미가 아닐까요. 현재의 관점에서 불가능할 것 같고 황당하고 쓰임새가 없어 보이는 상상 속에 우리가 예측하지 못했던 엄청난 혁신과 가치가 숨어 있다는 것을 스티브 잡스는 말하고 싶었던 겁니다.

　〈이어령의 교과서 넘나들기〉가 우리 젊은 학생들이 그런 행복한 미래(future)에 대한 비전(vision)을 갖는 데 꼭 필요한 융합형(fusion) 교양 지식을 익히고 생각의 넘나들기를 익힐 수 있는 좋은 계기가 되기를 바랍니다.

이어령

지식 대융합 시대의 창조적 교양인을 꿈꾸는 여러분께

현대 사회는 'T자형 인간'을 요구한다고 합니다. 'T자형 인간'이란 자기 분야는 물론이고, 다른 분야에도 깊은 이해가 있는 종합적인 사고 능력을 가진 사람을 일컫는 말입니다. 'T' 자에서 '—'는 횡적으로 많이 아는 것을, '|'는 종적으로 한 분야를 깊이 아는 것을 의미하지요.

왜 현대 사회는 T자형 인간을 원할까요? 그 이유는 21세기가 '지식 대융합의 사회'를 지향하고 있기 때문입니다. 현대는 하루가 다르게 새로운 개념의 첨단 전자 제품이 나오고, 그것이 우리의 지식 정보 전달 시스템을 통째로 바꾸고, 그 결과 문명의 방향이 달라지는 시대입니다. 이 변화무쌍한 현실을 이해하고 이끌어 나갈 수 있는 힘은 오로지 창조적이고 통합적인 상상력과 직관을 가진 'T자형 인간'으로부터 생산되기 때문입니다.

하지만 우리의 현실을 보면 앞이 아득합니다. 'T자형 인간'이 되어 21세기 대한민국을 이끌고 나가야 할 청소년들은 빡빡한 학교 수업과 학원 일정에 쫓겨 다람쥐 통의 다람쥐처럼 제자리 돌기만 하고 있습니다. 학교와 교과서를 통해 배운 지식을 단순히 입시 수단으로만 여기고 있습니다. 학교에서 배운 지식을 다른 지식과 잘 연결하고 융합시켜 지적 능력을 키우는 일에는 관심 밖입니다.

〈이어령의 교과서 넘나들기〉 시리즈는 안타까운 우리 청소년들의 지적 현실을 타개하기 위해 만든 책입니다. '5천 년 인류 문명이 이룩한 모든 교양을 만화로 읽는다.'는 생각으로 만화가 가지는 유머와 재미라는 틀 안에 그동안 인류가 축적한 다양한 지식을 담았습니다. 단순히 한 가지 학문만을 다루는 것이 아니라 다양한 학문이 통합된 융합형 교양 지식을 담아 청소년들이 현대 사회를 창조적으로 살아갈 수 있는 능력을 기를 수 있도록 만들었습니다.

인류 문명의 토대가 되는 지식을 담은 재미있고 명쾌하지만 결코 가볍지 않은 멋진 만화책들이 차례로 독자들 앞으로 찾아갈 것입니다. 우리 청소년들이 이 책들을 읽고 '지식의 대융합 시대'를 선도하는 'T자형 인간'을 꿈꾸는 모습을 보기를 간절히 소망합니다.

기획 **손영운**

언어란 무엇일까요? 또 언어학이란 무엇일까요?

인류가 이 지구상에 생존해온 지 약 2백만 년 정도 되었다면, 인간이 언어를 사용한 것은 겨우 20만 년도 안 된다고 학자들은 생각한답니다. 그렇다면 인간은 180여 년 동안은 다른 동물과 마찬가지로 언어가 없이 생존해온 것이지요.

언어는 인간과 다른 동물을 구분시켜주는 거의 유일하고 확연한 차이라는 주장에 대해 많은 학자들이 동의하고 있습니다. 언어는 인간과 동물을 구분시켜주는 유일한 차이이고, 문자는 인간을 인간답게 문명을 일으켜준 근거라고들 말합니다. 이 책은 그런 의미에서 어떤 학문보다도 인간의 탐구에 있어서 중요한 의미를 가지는 분야를 소개하기 위해 마련되었습니다. 언어란 무엇인가, 언어는 언제부터 인간에 의해 사용되었는가, 언어는 어떻게 습득되고 사용되는가 하는 문제들을 하나하나 따져보기 위해 이 책이 마련되었습니다. 화가 선생님의 멋진 그림과 어우러져서 독자들이 보다 재미있게 읽을 수 있고, 또한 인간의 본성과 직결되는 언어를 다룸으로써 우리 독자들이 모든 학문의 기초가 되는 학문을 접할 수 있게 꾸며졌지요.

아무쪼록 독자들께서 인류의 역사가 시작된 이래 끝없는 관심의 대상이 되어온 언어에 관해 재미있고도 유익한 정보를 얻을 수 있기를 바랍니다.

글 장영준

언어는 공기입니다.

우리의 몸이 잠시도 쉬지 않고 공기를 들이마시고 내뱉는 것처럼 우리의 뇌도 끊임없이 생각을 하고 그것을 다양한 언어로 표현합니다. 옹알이로 시작해 '엄마'라는 첫 단어를 배우고, 성장과정을 거치면서 자연스럽게 말하는 법을 터득하지요. 호흡을 하듯 자연스럽고 유창하게 언어를 사용하고 있지만 정작 우리는 언어를 어떻게 배웠는지에 대해선 잘 기억하지 못합니다. 저는 언어는 공기와도 같다고 생각합니다. 잠시도 숨을 멈추면 견딜 수 없는 것처럼 늘 사용하는 언어를 어느 날 갑자기 사용할 수 없게 된다면 숨을 쉬지 못하는 것 이상의 답답함을 느끼게 될 것입니다. 또한 언어가 없다면 사랑을 표현할 수도, 자신의 다양한 생각을 전달할 수도 없게 됩니다. 의사소통이 완전히 단절되는 것은 시간문제일 것입니다.

이 책을 만들면서 우리가 당연하게 사용하고 있는 언어는 어떻게 생겨났으며, 오늘날 사용하는 언어는 어떤 변화를 거쳤는지에 대해 깊게 생각해 볼 수 있었습니다. 여러분도 언어의 기원과 역사에 대해 재미있게 알아가는 과정을 통해 언어의 고마움에 대해 깨닫는 기회가 되길 바랍니다.

그림 김기수

이어령의 교과서 넘나들기 언어편 ⑱

1장 인간은 언제부터 말을 했을까?

여호와 하나님이 흙으로 각종 들짐승과 공중의 각종 새를 지으시고 아담이 무엇이라고 부르나 보시려고 그것들을 그에게로 이끌어 가시니 아담이 각 생물을 부르는 것이 곧 그 이름이 되었더라. 아담이 모든 가축과 공중의 새와 들의 모든 짐승에게 이름을 주니라. 〈창세기 2장 19~20절〉

도대체 태초의 인류는 어떤 말로 대화를 나눴을까?
$&@-&Æ×
%$Wæ W-&

시간이 흘러 지구상에는 70억 명이라는 어마어마한 숫자의 인류가 살고 있어.
비글 비글
비글 비글

그리고 70억 명의 인류는 약 7천 가지의 언어를 사용한단다.
쏼라 쏼라

그렇다면 언어는 언제 생긴 것일까?

인간이 언제부터 언어를 사용했는지에 대해서는 아직 확실한 답이 없어.

언어의 기원을 찾는 문제는 마치 우주의 기원을 찾는 문제와 비슷해.

인류학자들에 따르면 인류라는 종이 나타난 건 수백만 년 전이고,
두리번 두리번

언어가 나타난 건 수만 년 전이라고 해.
언어의 등장

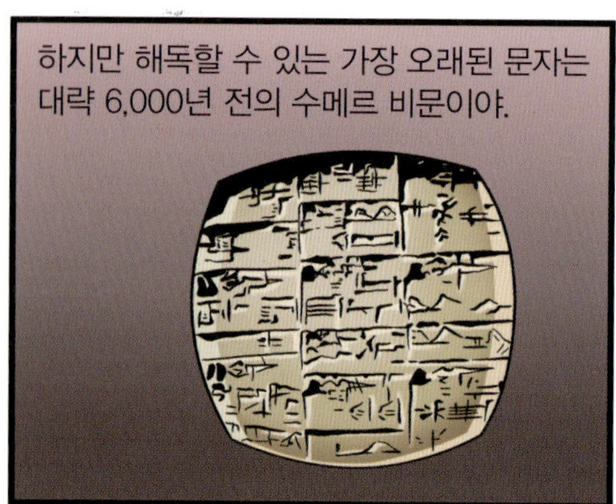

하지만 해독할 수 있는 가장 오래된 문자는 대략 6,000년 전의 수메르 비문이야.

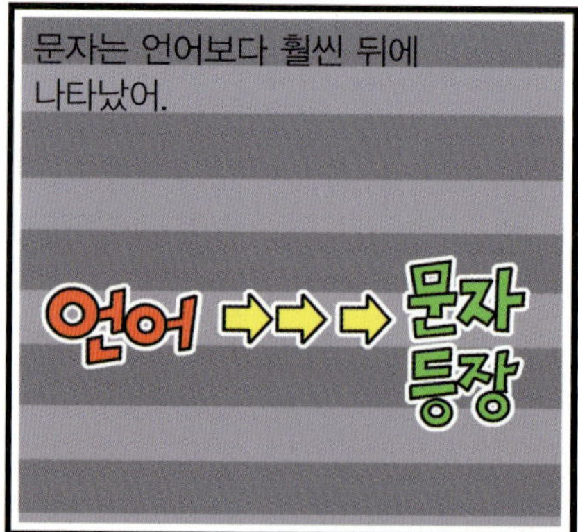

문자는 언어보다 훨씬 뒤에 나타났어.
언어 ▶▶▶ 문자 등장

지금도 문자 없는 언어가 상당히 많지.
!(*#@&$!&@^#
저걸 뭐라고 쓰지?

결론이 나지 않는 이 문제에 대해 학자들이 연구를 계속하자

1866년 프랑스 언어학회는 이 분야의 연구를 금지하기도 했단다.
하지 마!
언어학회

확실한 증거를 찾을 수 없다며 언어의 기원을 다루는 연구 논문을 학회지에 싣지 않기로 한 거야.
안 돼!
언어학회
증거 불충분!

하지만 최근 연구에 의하면,

약 20만 년 전 아프리카에서 인간의 조상이 직립보행을 시작하면서 언어를 사용하기 시작했을 것으로 추정되고 있어.
나는 말이 좀 돼~
아프리카

직립보행을 하면서 뇌의 크기가 다른 동물들에 비해
훨씬 더 커졌고,

음식을 먹는 일만 했던 입으로 말까지 하게 된 거지.
**(#@&@$!&^#
@@*#@&$@&@^#

영국의 동물학자인 데즈먼드 모리스라는 사람이
데즈먼드 모리스(Desmond Morris, 1928년~): 『털 없는 원숭이』에서 동물행동학과 생태학을 적용한 인간론을 전개하여 세계적으로 화제가 됨.

인간을 '털 없는 원숭이'라고 부른 적이 있어.
내 생각에 인간은
털 없는 원숭이다!

인간은 원숭이와 비슷한데 털만 없다는 의미로 이렇게 말한 건데,
어라? 털이 없네?
맨들
맨들

사실은 여기에 직립보행을 하고 언어를 사용했다는 점까지 추가돼야 하지 않을까?
저벅 저벅
가나다라마바사……

아무튼 지금부터 언어의 기원을 좀 더 자세히 알아보자.
언어의 기원

고대인들은 녹음이나 문서 같은 기록을 남기지 않았기 때문에 화석을 통해 추측할 수밖에 없어.

연구에 따르면, 처음에는 인간과 원숭이가 비슷하게 진화하다가

약 200만 년 전에 아주 많이 달라지기 시작했어.
200만 년 전

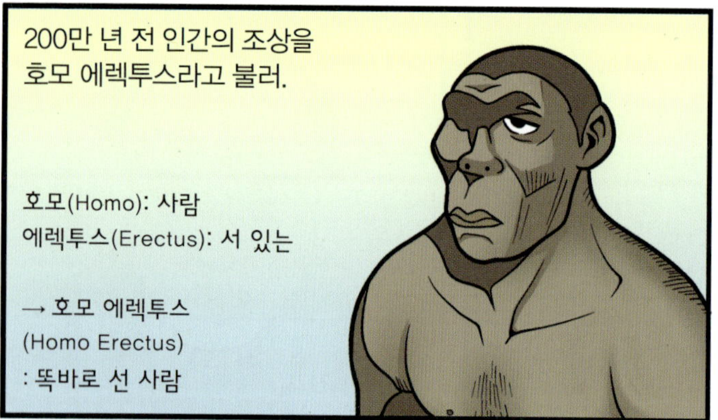

200만 년 전 인간의 조상을 호모 에렉투스라고 불러.
호모(Homo): 사람
에렉투스(Erectus): 서 있는
→ 호모 에렉투스
(Homo Erectus)
: 똑바로 선 사람

호모 에렉투스는 '직립원인'이라고도 해.

또 이때부터 이들 원시인의 뇌가 원숭이들의 것보다 훨씬 더 커지기 시작했는데,
엥?
쑥
쑥

그 이유는 이들이 고기를 먹기 시작했기 때문이야.
와구
와구

고기에는 풀이나 씨앗보다 훨씬 더 많은 단백질이 함유되어 있는데, 단백질은 뇌 세포를 형성하는 데 중요한 역할을 하거든.
단백질
영양분

물론 뇌가 있다고 해서 바로 언어를 구사할 수 있었을까? 언어를 구사하려면 성대에서 소리를 낼 수 있어야 해.
성대

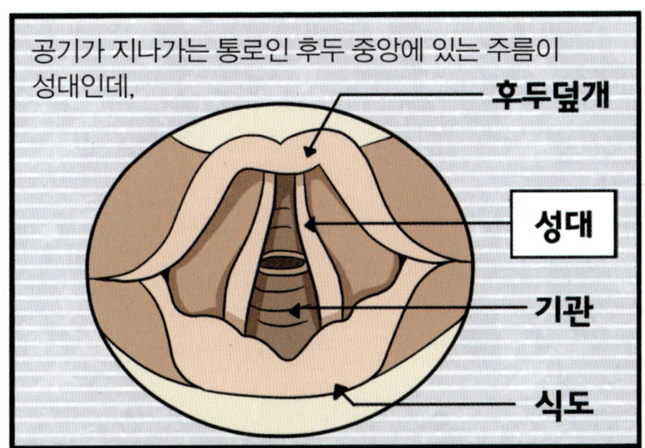

공기가 지나가는 통로인 후두 중앙에 있는 주름이 성대인데,
후두덮개
성대
기관
식도

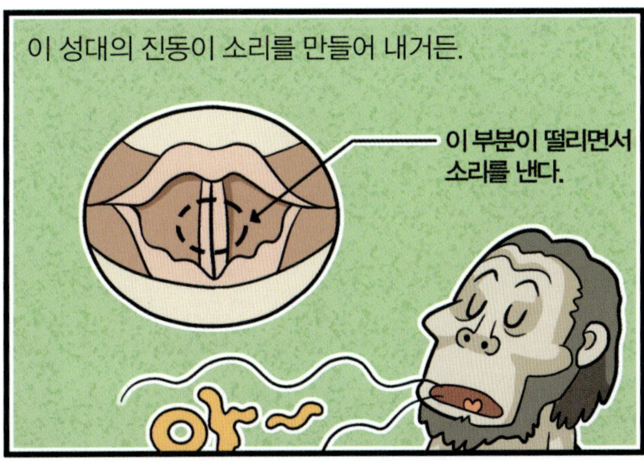

이 성대의 진동이 소리를 만들어 내거든.
이 부분이 떨리면서 소리를 낸다.
아~

그런데 호모 에렉투스의 성대는 너무 작아 말을 하기에 적당하지 않았다고 해.
음‥음‥

또한 호흡을 정확히 조절할 수 없었기 때문에 제대로 된 언어를 구사하기 어려웠을 거라고 추측하지.
제대로 숨 쉬기도 힘든데 어떻게……
켁 켁

아마 원시인들은 독특한 방식으로 꽥꽥대거나 비명을 지르거나
꽥
꽥
우가 우가

그와 동시에 손짓을 사용하며 생각하는 바를 전달했을 거야.
우어씨
헉!

만약 한 원시인이 죽은 매머드를 발견했다면

다른 사람들에게 뛰어가서 소리를 질렀겠지.
왜애애왝!

동시에 그는 손을 움직여 매머드의 송곳니를
나타내는 시늉을 하거나
우가
우가

죽은 매머드를 발견한 방향을 가리켰을 거야.
우가
우가

우리의 원시인 친구는 틀림없이 그런 식으로 근처에 큰 고기가 있으니
가져오자는 의견을 무리에게 성공적으로 알렸겠지.

인간이 언어를 사용하기 위해 필요한
모든 신체적 조건을 다 갖춘 시기는
약 20만 년 전이야.

학자들은 이때 에티오피아에 나타난 인류가 오늘날
우리 인간의 조상이라고 간주하고 있어.
에티오피아

당시의 원시인들은 비명이나 꽥꽥거리는 소리보다는 더 다양한 소리들을 낼 수 있었을 거라고 추측된단다.
**(#@&
@$!&^#
@@*#@&
$@&@^#

원시인들이 언어를 사용하면서 인류의 발전 속도는 엄청나게 빨라졌을 거야.
펑!

인간들이 서로 말을 주고받으며 함께 계획을 세우기 시작했을 때

그들은 갑자기 다른 생물체들에 비해 어마어마한 장점을 누리게 되었지.

물론 호랑이 한 마리와 원시인 한 명을 비교하면
!

호랑이가 훨씬 더 크고 빠르며 강하지만,
크르르르

다른 원시인들과 함께 어떻게 호랑이를 잡을 수 있을까를 고민하고 상의하는 인간이 호랑이보다 훨씬·월등하다고 봐야 하지 않을까?

호모 에렉투스는 수십만 년 동안 아프리카에서만 살다가

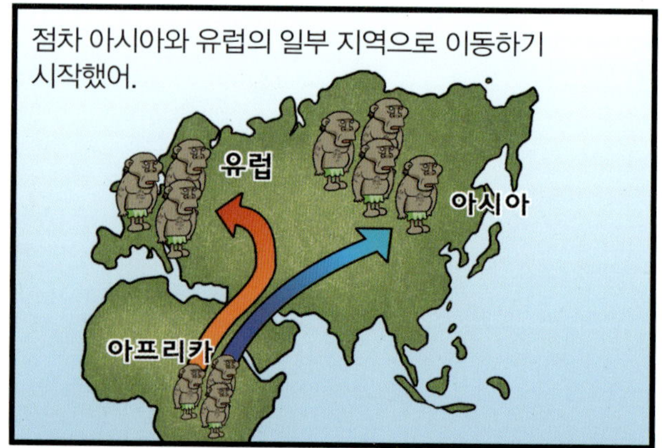

점차 아시아와 유럽의 일부 지역으로 이동하기 시작했어.
유럽
아시아
아프리카

인도네시아의 플로레스 섬에서 호모 에렉투스의 주거지가 발견됐는데,

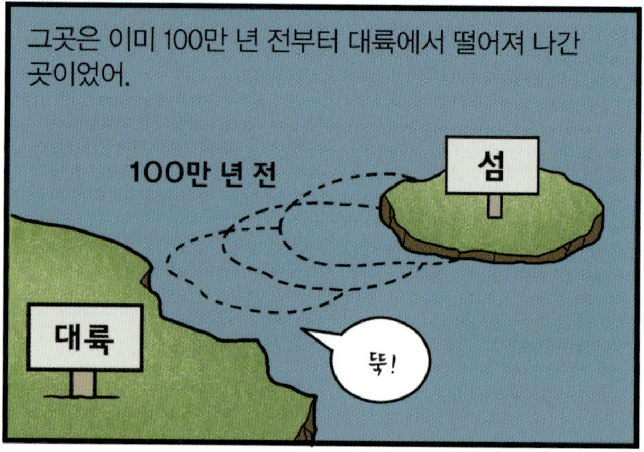

그곳은 이미 100만 년 전부터 대륙에서 떨어져 나간 곳이었어.
100만 년 전
섬
대륙
뚝!

이 원시인들은 도대체 어떻게 '섬'으로 이동할 수 있었을까?
뗏목?

그래, 맞았어.
아마 뗏목을 만들어 타고 이동했을 거야.

언어학자들은 바로 이 점에 주목하고 있어. 그들이 말을 하지 못했다면 뗏목을 만들 수 있었을까?
우
우

함께 계획을 세우고 협동해야만 그런 일이 가능하지 않았겠어?

그 후 호모 사피엔스와 네안데르탈인들이 나타난 건 약 12만 년 전쯤인데,
호모 에렉투스
호모 사피엔스
네안데르탈인

대부분의 언어학자들은 이들 원시인들이 처음으로 언어를 사용했을 것으로 추정하고 있어.

그러니 긴 인류 역사에서 인간이 언어를 사용한 기간은 정말 얼마 되지 않은 셈이지.
……
수백만 년
수십만 년

프랑스 남부의 라스코 동굴에는 크로마뇽인들이 그렸다고 밝혀진 벽화가 있어.
화려한 색감 좀 봐.
정교한 묘사가 정말 대단하군!
감탄사가 절로 나오네!

약 4만 년 전, 크로마뇽인은 들소와 말의 그림을 동굴의 천장에 그려 넣었어.
탕
탕

그리고 가족이 죽으면 동굴 근처에 무덤을 만들고 장례를 치렀지.

이렇게 아름다운 그림을 그리고 죽은 이들을 위해 정성을 다하는 사람이라면 다양하게 사고할 줄 알고, 분명 서로 말도 했을 거라고 봐야겠지?

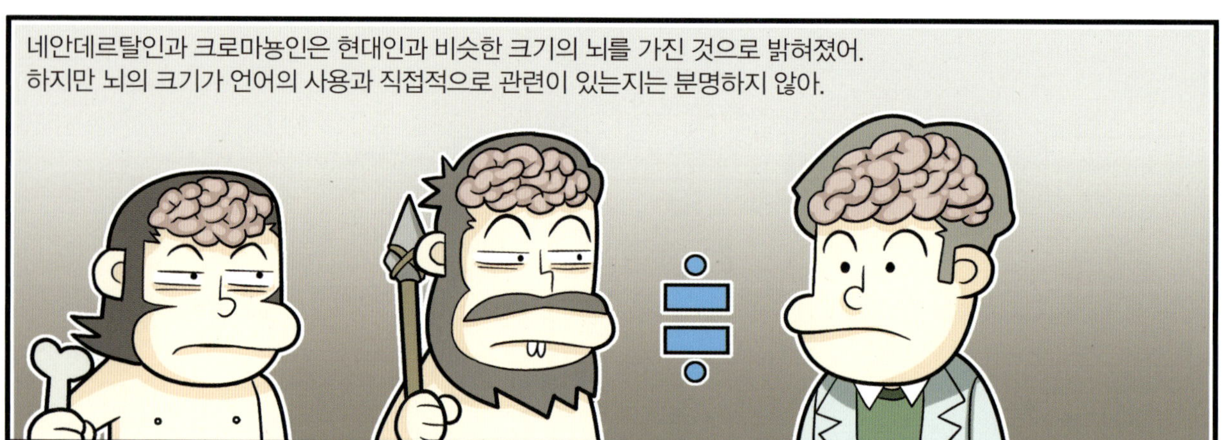

네안데르탈인과 크로마뇽인은 현대인과 비슷한 크기의 뇌를 가진 것으로 밝혀졌어.
하지만 뇌의 크기가 언어의 사용과 직접적으로 관련이 있는지는 분명하지 않아.

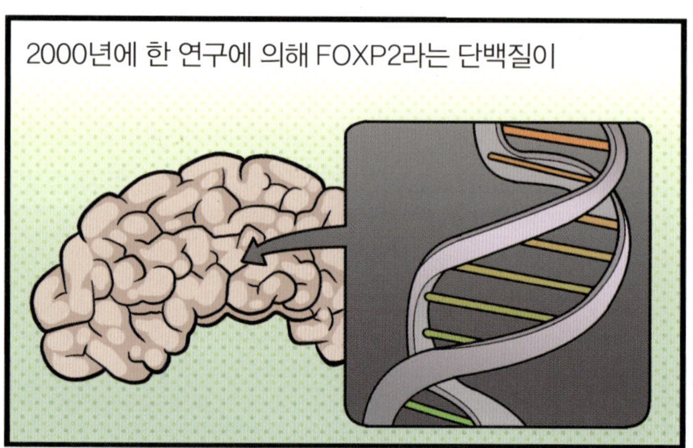

2000년에 한 연구에 의해 FOXP2라는 단백질이

언어 사용을 가능하게 해 준다는 추정을 하게 되었는데,
FOXP2
언어

그 후 2007년에 네안데르탈인과 현대인 모두 이 FOXP2라는 단백질을 가지고 있는 것으로 밝혀졌어.
FOXP2

이 단백질에 문제가 생기면 언어장애가 초래되기 때문에
횡설수설

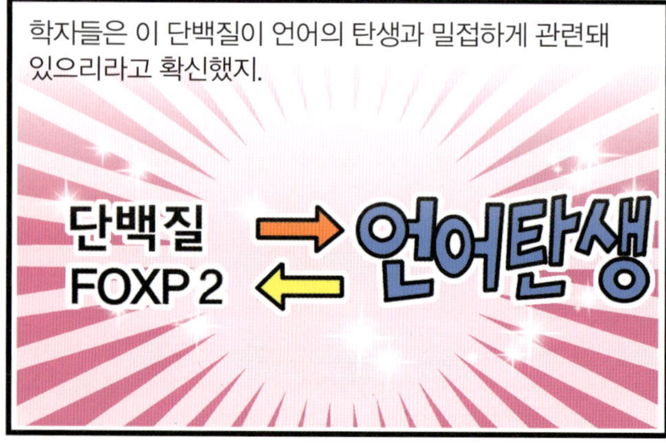

학자들은 이 단백질이 언어의 탄생과 밀접하게 관련돼 있으리라고 확신했지.
단백질 FOXP 2
언어탄생

이 발견으로 전 세계 과학계가 발칵 뒤집혔어.
와아
오

노암 촘스키(Avram Noam Chomsky, 1928년~)

스티븐 핑커(Steven Pinker, 1954년~)

데렉 비커튼(Derek Bickerton, 1926년~)

요하네스 코메니우스(Johannes Commenius, 1592년~1670년)

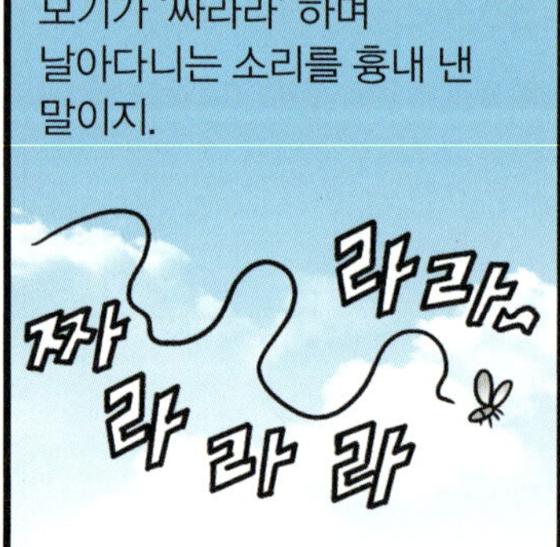

훈트(Hund): 독일어로 '개'를 말함.

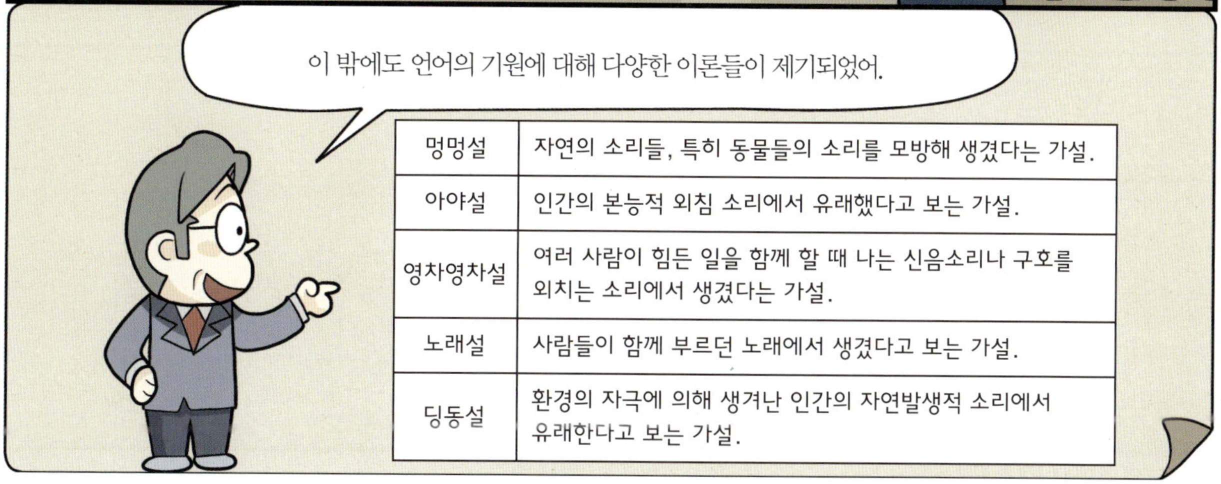

'멍멍'이나 '딸칵딸칵' 같은 소리만으로는 생각하는 바를 좀 더 복잡하게 표현하지 못해.

인간은 특정 동물을 '개'나 '고양이'라는 낱말로 부르자고 자유롭게 결정한 거야.

이 밖에도 언어의 기원에 대해 다양한 이론들이 제기되었어.

멍멍설	자연의 소리들, 특히 동물들의 소리를 모방해 생겼다는 가설.
아야설	인간의 본능적 외침 소리에서 유래했다고 보는 가설.
영차영차설	여러 사람이 힘든 일을 함께 할 때 나는 신음소리나 구호를 외치는 소리에서 생겼다는 가설.
노래설	사람들이 함께 부르던 노래에서 생겼다고 보는 가설.
딩동설	환경의 자극에 의해 생겨난 인간의 자연발생적 소리에서 유래한다고 보는 가설.

여러분의 생각은 어때?
사실 이 가설들은 의성어나 의태어의 기원을 설명해 줄지는 모르지만

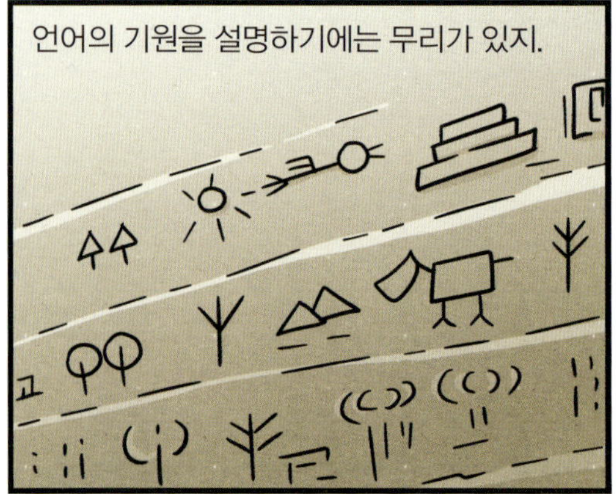

언어의 기원을 설명하기에는 무리가 있지.

인류가 언어를 처음 사용하게 된 순간을 우리는 여전히 모르고 있어.
휴~

마이클 코발리스라는 미국의 한 학자는 그런 안타까움을 다음과 같이 재치 있게 표현했어.
……

화석이 말을 할 수 있다면 얼마나 좋을까!
중얼
중얼

우리가 발굴하는 연장들 옆에 카세트 녹음기가 있었더라면 또 얼마나 좋을까!
자, 말해 봐~.

전 세계의 많은 학자들이 연구하고 있는 이 문제의 답을

너희가 밝힐 수도 있지 않을까?
……

언어학자들은 이런 언어의 기원과 관련된 문제에 대해 의견이 분분하지만
왕성
웅성

한 가지 문제에 대해서는 모두 동의하고 있어.

인간이 단어를 만들어 내기 위해서는 그전에 우선 사고하는 능력이 있어야만 했다는 거야.
누구냐, 넌!

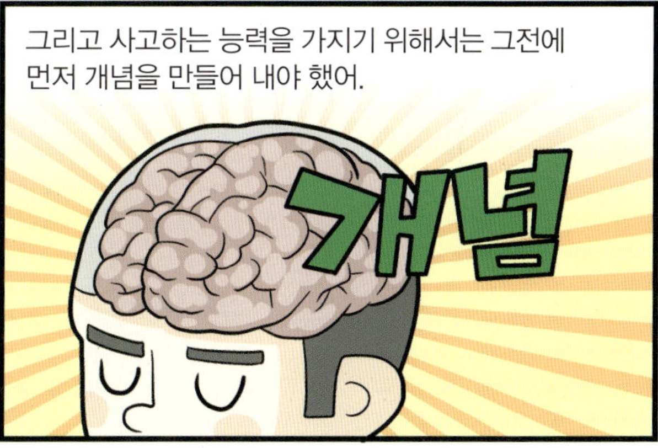

그리고 사고하는 능력을 가지기 위해서는 그전에 먼저 개념을 만들어 내야 했어.
개념

무슨 말이냐고? 자, 생각해 봐.

우리 눈앞에 나무가 있어.
그건 실제의 나무야.

그리고 '나무'라고 말할 때 우리의 머릿속에는 '나무'라는 어떤 그림이 떠올라.
나무다!

그게 바로 개념이란다.
개념

대부분 동물의 뇌는 그런 구별을 하지 못해.
나무
?
?

예를 들어 개구리가 1센티미터쯤 되는 길이의 무언가가 날아가는 것을 본다면
위이이잉

개구리의 신경계 안에 이미 저장되어 있던 정보가 개구리에게 말해 줘.
앗, 파리다!

개구리는 배가 너무 부르지 않은 상태라면 아마 즉시 잡아먹으려고 할 거야.
펄쩍

여기서 퀴즈. 개구리는 파리에 대한 꿈을 꿀까?
쿨 쿨

파리는 개구리의 앞에 윙윙 날아다닐 때만 개구리의 관심 대상이래.
윙 윙
파리!

눈앞에 없으면 개구리는 파리에 대한 생각을 전혀 못한다는 거지.
무념 무상
……

조금 더 발달한 포유류는 한 발 앞서 가.
헥
헥
미야옹

그들은 꿈을 꾸거든. 개를 키워 본 사람이라면 누구나 다 아는 사실이야.
파다닥
깽깽
잠꼬대를 하네~.

높은 단계의 포유류의 뇌에는 직접 눈앞에서 사물을 보지 않는 동안에도
무념무상

그 사물의 그림이 떠돌아다니고 있어.
그게 뭐였지?

그런데 개들은 구체적으로 일어났던 사건들을 마치 영화 필름처럼 다시 풀어 볼 수 있을 뿐이지만

인간은 사물을 보지 않아도 그 사물의 그림을 뇌에 불러들일 수 있어.
꿀꺽

그것이 바로 언어를 사용할 수 있게 해주는 기본 조건이 된단다.

그러므로 우리의 선조가 몇백만 년 전에 개념을 형성하기 시작했다는 것은 엄청난 진보를 뜻한다고 볼 수 있어.

바나나 한 개, 오렌지 한 개를 놓고 보면

외형상으로는 거의 아무런 공통점을 발견할 수 없어.
길고 꼬부라진 모양.
공 모양.

그런데도 우리의 조상들은 오래전부터 두 개 모두 먹을 수 있는 나무 열매이고,
?
?

껍질을 까고 먹는 것이 제일 맛있다는 걸 알아챘어.
냠 냠..

완전히 차이 나는 바나나와 오렌지가

점점 더 똑똑해지는 원시인들의 뇌에서

하나의 종합적인 무엇인가로 분류되었어.
아

'과일'이라는 개념이 탄생한 거야. '과일'이라는 말을 사용하지는 않았지만
과일

분명히 '과일'을 생각했다는 거지.

이런 사고 단계가 없었다면 말을 하는 다음 단계는 불가능했을 거야.

아무튼 이렇게 인간은 다른 동물들과는 다른 길을 걷기 시작해서 오늘에 이르렀어.

이 세상에는 7,000여 가지의 다른 언어가 존재하지.
와글 와글

그런데 7,000이라는 숫자는 사실 정확한 건 아니야.
인구조사처럼 전 세계 언어를 정확하게 조사할 수 없기 때문이지.
쏼라 쏼라 뭐라 뭐라 어쩌구 저쩌구

우리나라처럼 온 국민이 글을 읽고 쓸 수 있고 디지털에 능한 경우에는 인구조사든 언어조사든 쉽게 할 수 있지만,

아직도 원시적인 생활을 하는 사회에서는 그런 조사를 하기가 어렵거든.
조사가 뭐야? 먹는 건가?

언어조사가 어려운 또 하나의 이유는
언어를 사용하는 사람이 죽거나 얼마 없는 경우가 있기 때문이야.
특정언어
소수

한국어처럼 약 7천만 명이 사용하는 언어는

수천 년 동안 존재해왔고 앞으로도 오랫동안 존재할 가능성이 높아.

하지만 어떤 언어는 사용자가 한두 명밖에 없어서
말라깔라 쿤타어 사용자 1명

그 사용자가 죽고 나면 해당 언어가 사라지게 되지.
말라깔라 쿤타어 사용자 0명
그런 언어가 상당히 많아서 말이야.
학자

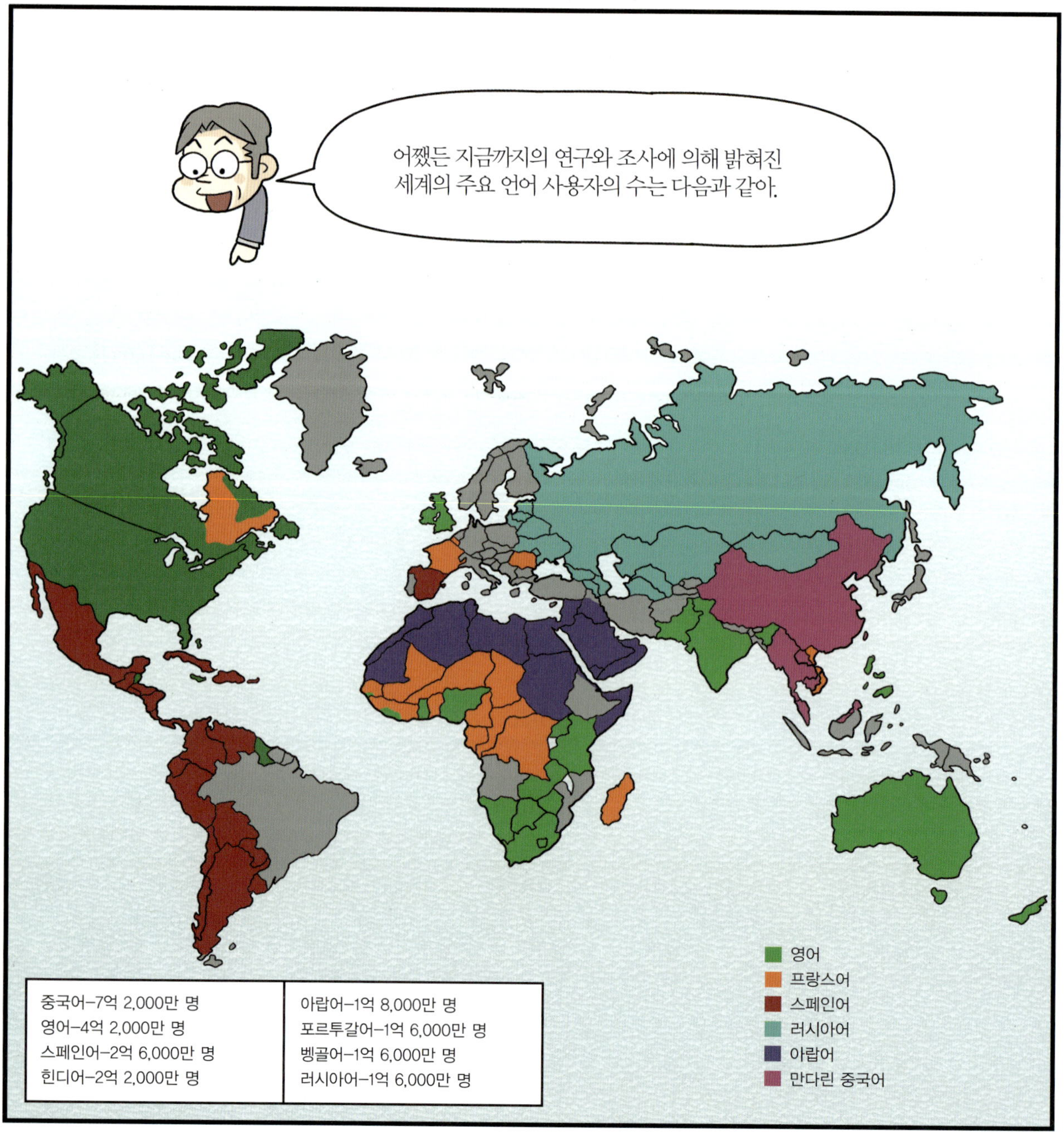

어쨌든 지금까지의 연구와 조사에 의해 밝혀진 세계의 주요 언어 사용자의 수는 다음과 같아.

중국어-7억 2,000만 명
영어-4억 2,000만 명
스페인어-2억 6,000만 명
힌디어-2억 2,000만 명

아랍어-1억 8,000만 명
포르투갈어-1억 6,000만 명
벵골어-1억 6,000만 명
러시아어-1억 6,000만 명

영어
프랑스어
스페인어
러시아어
아랍어
만다린 중국어

약 7천만 명이 사용하는 한국어는 전 세계에서 열세 번째로 큰 언어야.
자랑스럽지 않니?
대 한 민 국
GO COREA?
GO COREA?
COREA?

그런데 한국어가 사라진다면
어떻게 될까?

그렇다면 인류에게는 큰 재앙일 거야. 전 세계에서 열세 번째로 큰 언어가 사라짐으로써
인류 문화의 큰 유산이 사라질 테니까.
흑 흑
한국어
사라지다

그래서는 안 되겠지만,
우리가 계속 영어를
많이 사용하고, 한국어를
등한시한다면 그렇게 될 수도
있어.
영어
한국어

실제로 인류 역사상 가장 강력한 제국이었던
로마제국의 언어인 라틴어도
라 틴 어

로마제국이 멸망하면서
사라지고 말았으니까.
그러니 한국어를 잘 가꾸고
사랑해야겠지?
폭삭
라틴어

과거의 언어를 알 수 있는 방법

언어는 소리와 의미로 이루어져 있어요. 소리가 없는 언어나 의미가 없는 언어란 생각할 수 없지요. 물론 수화처럼 소리를 사용하지 않는 특수한 형태의 언어도 있지만, 수화 역시 손짓으로 소리를 대신하는 것이므로 언어의 최소한의 조건은 소리와 의미라고 할 수 있습니다. 소리를 녹음하는 기술이 발달하기 전에는 소리를 기호로 적었고, 문자가 바로 그 역할을 했어요.

이집트 비석에 새겨진 신성 문자.

아주 먼 옛날에는 기록 방법들이 없었어요. 그렇다면 약 20만 년 전 인류의 조상들이 언어를 사용했는지를 알아보려면 어떻게 해야 할까요? 고고학이 필요한 이유가 여기에 있어요. 고고학은 우리의 조상들이 어떻게 살았는지를 연구하는 학문이지요. 옛 무덤이나 궁궐터와 같은 곳에서 조상들이 사용하던 물건 등을 찾아내어 연구하는데, 종종 아주 놀라운 사실을 전해 주기도 합니다. 예를 들면 옛 무덤을 우연히 파헤치게 되었는데 거기서 썩지 않고 온전하게 보존된 편지가 나왔다고 상상해 보세요. 그 편지를 통해 당시에 사용되던 언어의 모습을 생생하게 볼 수 있겠지요. 실제로 그런 일이 있었습니다. 1989년 4월 현풍곽 씨 가족들이 조상의 묘를 옮기다가 많은 편지를 발견했는데, 대부분 17세기의 우리말로 쓴 것이었어요.

또 다른 이야기가 있어요. 1991년 9월 11일, 한 독일인 부부가 알프스 산맥에서 우연히 미라를 발견했습니다. '외치(Oetzi)' 혹은 '아이스 맨'이라 이름 붙여진 이 미라는 약 5300년 전에 살았을 것으로 추정되며, 이집트의 미라와 달리 사고에 의해 갑자기 죽은 후 그대로 냉동되었을 것으로 분석되었습니다. 거의 손상되지 않고 인간의 모습 그대로 발견되어 관련 학자들을 깜짝 놀라게 했지요. 학자들은 이 미라의 신체구조를 분석해서 그가 살아있을 당시 어떠한 언어생활을 했을지 알아낼 수 있었습니다.

지질학도 언어 연구에 도움이 됩니다. 지질학은 말 그대로 지층을 연구하여 지구의 역사를 거슬러 올라가는 학문이죠. 예를 들면 지질학적 자료를 분석함으로써 우리는 약 6500만 년 전에 공룡들이 지구상에서 모두 사라졌음을 알게 되었습니다. 탄소연대 측정이란 방법으로 공룡 화석을 분석하여, 그것이 약 6500만 년 이전에 만들어졌음을 과학자들이 알아낸 것이지요.

그런데 화석에는 공룡의 뼈만 발견되는 것이 아니라 인류의 조상이라고 할 수 있는 호모 사피엔스 혹은 그 이전의 인류의 뼈도 발견되었어요. 그러한 뼈들의 모양을 컴퓨터로 재구성해 보고 이를 현재 인간의 뼈와 비교함으로써 당시 인간의 머리 모양, 입 모양 등을 추측할 수 있었죠. 이런 연구 결과에 의하면 인류는 약 20만 년 전에 직립 보행을 할 수 있었고, 유인원보다 훨씬 더 큰 두뇌를 가지게 되었으며, 차츰 오늘날의 인간과 유사한 모습으로 바뀌어왔다는 것입니다. 언어학자들이 약 20만 년 전 아프리카에서 인간의 조상이 직립보행을 시작하면서 언어를 사용하기 시작했을 것으로 추정하는 근거는 이러한 고고학적, 고생물학적 증거에 근거를 두고 있습니다.

이처럼 고고학, 지질학 등이 언어 연구와 관련이 있다는 사실은 넓게 보면 모든 학문이 서로 서로 연결되어 있고, 서로 도움을 주고받고 있음을 보여주는 한 예라고 할 수 있습니다.

미라를 통해 많은 고고학적 정보를 알아낼 수 있다.

2장 동물도 말을 할 수 있을까?

그런데 과연 그럴까?
결론부터 말하자면, 답은 '아니다'야.

지금부터 인간의 언어와 동물의 의사소통 간의 유사점과 차이점을 살펴보고 그 이유를 알아보자.

1995년 미국의 PBS 방송국은 고릴라의 언어에 관한 다큐멘터리를 방송했어.

고릴라는 구강구조상 언어음을 발성할 수 없기 때문에 대화는 수화로 진행됐지.

방송국 앵커우먼이 고릴라를 취재하고, 특수 조련사가 앵커우먼과 고릴라 사이에서 통역을 했어.

고릴라는 처음에 앵커우먼에게 철조망에 좀 더 가까이 오라고 했고,

앵커우먼이 가까이 가자 악수를 청했어.
쑥

다음에는 앵커우먼의 주머니에 무엇이 들어 있는지를 물었고,

손수건을 꺼내서 건네주자 한번 쳐다보고는 이내 시큰둥한 반응을 보였어.
쳑
쿵

또 취재용 마이크를 가까이 가져다달라고도
했고,

마이크를 건네주자 융단으로 둘러싸인 마이크를 킁킁거리며
냄새도 맡고 만져보기도 하더니 이내 돌려주었지.
킁킁
휙
흥

모든 호기심이 풀렸는지 고릴라가 이번에는 앵커우먼에게
철조망 끝까지 달리기 내기를 하자고 제안했어.
척

달리기를 서너 번 했는데, 물론 그때마다
고릴라가 이겼어.
다
다 다

앵커우먼이 달리기는 그만하자고 조련사를 통해
제안했는데,
걸레
걸레

고릴라가 한 번만 더 하자고 조르는 거야.
척

음성을 사용하지 않았을 뿐, 대화는 놀라울 만큼 자연스럽고
무리 없이 진행되었지.

프랜신 패터슨(Francine Patterson, 1947년~)

이 때문에 학계가 발칵 뒤집혔어.
쿵

오직 인간만이 대화를 나눌 수 있다고 생각한 학자들은 패터슨 박사의 주장이 신에 대한 모욕이라고 반발했지.
원숭이가 말을 한다고?
감히 그런 모욕적인 말을!

하지만 최근 연구자들은 야생에서 생활하는 침팬지나 고릴라가 서로 의사소통을 한다는 것을 발견했어.

특히 '유인원'이라고 불리는 원숭이들이 비명소리, 꽥꽥거리는 소리, 흐느끼는 소리 등으로
꽥
꺅꺅

무리들과 의사소통을 한다는 거야.

사실 유인원만 의사소통을 하는 건 아니야.

코끼리는 트럼펫 같은 소리로,
뿌오오

고래는 인간이 들을 수 없는 소리로 서로 의사소통을 해.
삐

카를 폰 프리슈(Karl von Frisch, 1886년~)

탐색벌이 자신이 발견한 꿀이나 꽃가루를 동료들에게 내보여 품질을 평가받고 나면

탐색벌들 중 암컷이 춤을 추기 시작하는데,
윙
윙

꿀이 가까이 있으면 간단한 둥근 모양의 춤을 추고

꿀이 멀리 있으면 ∞자 모양의 춤을 추는 방식이야.
우리에게 춤은 의사소통 도구야. 말이나 마찬가지지.

꿀벌이 춤을 얼마나 빨리 추느냐에 따라서 꿀이 있는 곳까지의 거리를 알 수도 있어.
윙
윙 윙
헉 헉
에고, 힘들어라. 춤이 빠를수록 목적지가 가까이 있다는 의미지!

또 춤의 방향은 먹이가 있는 장소의 상태를 말해 줘.
이쪽에 꽃들이 많다!
윙
윙 윙

그러나 꿀벌의 언어와 인간의 언어 사이에는 본질적인 차이가 있어.
본질적인 차이?

꿀벌은 지금 눈앞에서 벌어지는 사실만 전달할 뿐이야.
우린 전에 있었던 일이나 앞으로 일어날 일은 전하지 못해.
윙
윙

다른 동물의 의사전달도 마찬가지지. 한마디로 동물의 의사전달 체계는 매우 제한적이라는 뜻이야.
배 아파…….
똥 싸!
기분 좋다!
삑 삑

찰스 호켓(Charles Hocket, 1916년~2000년)

그리고 발음과 의미는 아무런 본질적인 상관관계도 없으며,
8
바+보
우린 그냥 발음일뿐.

언어음은 더 작은 분절된 음으로 구성되고,
9
ㅂ ㄱ
ㅠ ㅏ ㅗ
ㅎ ㅍ

현장에서 벌어지지 않은 사건에 대해서도 말할 수 있지.
10
으아아!
그날이 떠올라?

또 동일한 의미를 새로운 문장으로 무난히 표현할 수 있다는 것,
멍청한 녀석
뭐가 어째?
11

12
언어가 세대에서 다음 세대로 끊임없이 전수된다는 것,
한국어
한국어
한국어
한국어
1700년
1800년
1900년
2000년

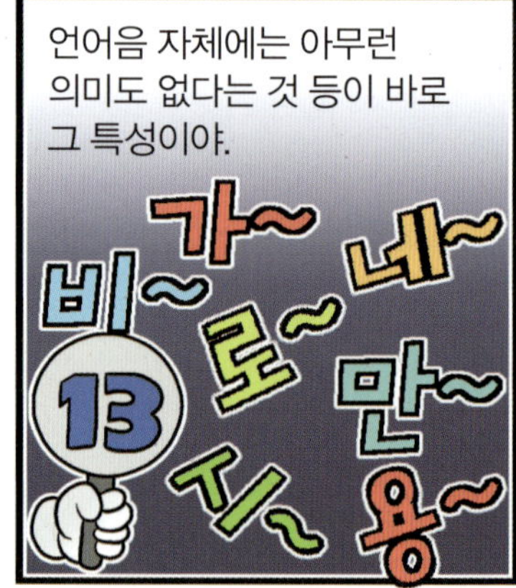

언어음 자체에는 아무런 의미도 없다는 것 등이 바로 그 특성이야.
가~ 네~
비~ 로~ 만~
13 지~ 용~

물론 호켓의 이러한 설명은 오늘날 받아들여지는 것도 있고,
맞는 것 같지 않아?
그럴 듯하잖아.
끄덕 끄덕

받아들여지지 않는 것도 있지만,
말도 안 돼!
우리가 믿을 것 같아?!

한 가지 사실은 분명해.

언어는 동물의 의사소통과는 참으로 많이 다르다는 것이지.
쌀라 쌀라
?
?
?
?

동물과 인간의 소통 간에는 방식, 시간과 장소, 주체, 동기 면에서 중요한 차이가 있어.
동물
사람

첫째, 방식 면에서 동물의 소통은,

때로는 새의 경고음처럼 분절적 신호에 의해,
짹짹
짹짹

때로는 꿀벌의 춤처럼 연속적 신호에 의해 이루어져.
윙
윙

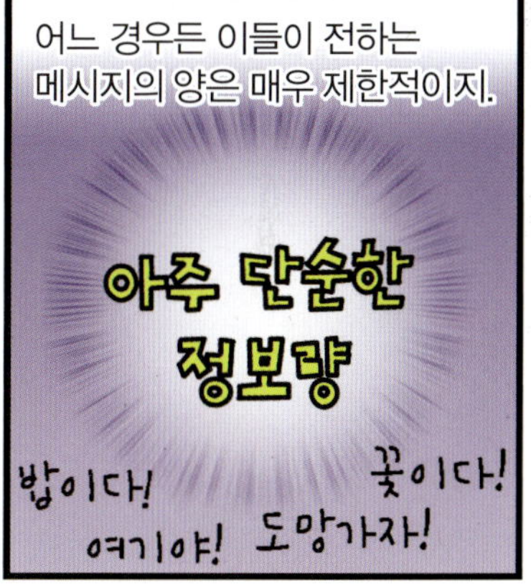

어느 경우든 이들이 전하는 메시지의 양은 매우 제한적이지.
아주 단순한 정보량
밥이다!
여기야!
꽃이다!
도망가자!

그러나 인간의 소통은 분절적으로 인지되는 단위에 의해 이루어지고,
학점 따기
출근길
아침밥
인생계획
결혼 생각
수업
아싸

이를 통해 무제한의 메시지를 나눌 수 있어.
뭔 얘기가 이렇게 길어?

둘째, 시간과 장소 면에서 동물의 소통은 어떤 특정한 상황에서 혹은 특정한 시기에 이루어져.
오지 마!
거기 서!

그러나 인간의 소통은 시간과 장소에 구애받지 않고, 언급된 사건으로부터 멀리 떨어진 곳에서도 수행되지.
서울
부산

셋째, 동물의 소통에서 특정한 메시지를 누가 만들어 내는가는 특정한 유전적 결정에 의해 정해져.
〈 유전 〉

예를 들어 수컷 새는 대개 짝짓기 노래를 하고,

일벌이 꿀을 찾아내는 것처럼 말야.
찾았다!
윙
윙

하지만 인간의 소통에서 메시지를 누가 만들어 내는가는 유전적 결정이 아니라 문화적 규약에 의해 정해져.
〈 문화 〉

성인이라면 누구나 다른 성인이 만들 수 있는 모든 메시지를 만들 수 있지.

넷째, 동기 면에서 동물의 소통 행위는 개체나 개체가 속한 집단,

혹은 종 전체가 당면한 생존 욕구를 충족시키기 위해 수행돼.
붙잡아!
오케이!

이러한 욕구는 의식적으로 이해되는 것은 아니지.
우하하
〈 본능 〉
먹을 거다, 먹을 거!

반면 인간은 사회적·문화적 현실을 창출하기 위해 소통을 하기도 해.

또 인간은 세상을 언어적으로 범주화함으로써 새롭게 창조하기도 한단다.
세상은 축구공
세상은 하나다
세상은

어떤 학자들은 유인원들도 인간처럼 대화할 수 있다고 주장해.

예를 들어 1966년 가드너 박사 부부는 그들이 훈련시킨 와쇼라는 침팬지가 약 130개의 수화 단어를 배웠다고 주장했어.

조련사가 작은 인형과 물컵을 와쇼에게 보여주자

'내 음료수에 아기가 들었다'와 같은 문장을 말했다고 주장하기도 했지.
음료수에 아기가 들었다

또 칸지라는 침팬지는 총 256개의 기호를 배웠다고 하는데.

이 침팬지를 연구한 학자는 심지어 칸지가 입술을 움직여 말을 하려고 했다고 주장했어.

코코를 훈련시킨 패터슨 박사도 코코가 2,000개의 수화 단어를 사용할 수 있었고,

나중에는 영어 알파벳도 배우기 시작했으며,
ABCD EFG

글자도 읽을 수 있다고 주장했지.

그러니까 침팬지나 고릴라 같은 유인원은 인간의 언어를 사용할 수 있다는 말이죠?
아니야. 학자들이 그렇게 주장했다는 거야.

많은 학자들은 코코가 말하는 것을 증명할 증거가 없다는 이유로 패터슨 박사의 연구 결과를 받아들이지 않았어.

코코의 말은 언제나 조련사가 통역을 해야 했기 때문이야.

한마디로 조련사가 통역하기 나름이었다는 거지.
굽적 굽적

언어는 인간 고유의 특질이고, 인간을 동물과 구분시켜 주는 중요한 기준인데,
<언어>
똥 싸지 마!
언어학자들은 오랫동안 이를 증명하기 위해 노력해 왔어.

벌이나 개미, 유인원의 의사소통 체계를 인간의 언어와 비교해 보기도 하고,

침팬지에게 직접 언어를 가르치려고 시도하기도 했지.
ABCD EFG

그중 가장 유명한 실험은 놈 촘스키의 가설을 반박하려는 목적으로
언어는 인간 고유의 특질이다!

일부 심리학자들이 한 침팬지의 이름을 '님 침스키'라 붙이고 행했던 언어 습득 실험이야.
님 침스키

이 침팬지는 100여 개의 어휘를 습득했고, 4개월 후에 처음으로 'drink'란 단어를 수화로 만들어 냈지만,
drink

의미 있는 수준의 언어 단계로 발전하지는 못했어.
뭘 더 바래.
후비적

허버트 테라스(Herbert Terrace)

원숭이 언어 연구의 기록들을 자세히 검토한 결과, 연구자들이 원숭이에게 일종의 힌트를 주고

클레버 한스 효과: 실험자 효과라고도 함. 실험 결과에 대한 예상이 피실험자의 반응에 영향을 주는 효과.

이 말은 조련사나 구경꾼들이 제시하는 힌트에 반응한 것 뿐이라는 거야.
자, 과연 어떤 글자인지 맞힐까요?
B A

원숭이들은 연구자의 얼굴 표정, 호흡 유형, 동공의 움직임 등에
쩡긋

조건적으로 반응을 보였을 가능성이 크다는 거지.
왼쪽 윙크?
B A
ㅋㅋ

또한 테라스 박사는 원숭이 언어 연구에 대해 다음과 같은 비판을 추가했어.
또 있다네!
추가 보고서

• 님 침스키의 발화는 시간이 지나도 길이가 늘어나지 않았다.
아에~
아에이오우라니까!

• 님 침스키의 발화 중 88%는 연구자의 발화를 따라한 것이다.
박스
박스

• 님 침스키의 대답은 대개 자발적이지 않았다.
안 시키면 안 해.

• 님 침스키의 대답은 대부분 인간 발화의 모방이었다.
카
카

• 님 침스키는 '대화'에 새로운 정보를 거의 덧붙이지 않았다.
카
카

• 님 침스키는 대화의 주고받기라는 개념을 가지고 있지 않았다.
카
카

이러한 관찰 결과에 따라 테라스 박사는
음……

침스키(를 비롯한 다른 유인원들)가 한 행동은 인간의 언어와 유사하지 않다고 결론 내렸는데,
유사하지 않소!
탕

이 문제로 유인원도 말할 수 있다고 주장하는 학자들과 그렇지 않다는 학자들이 사이에 법정 다툼까지 벌어질 뻔했어.
말할 수 있다!
그렇지 않다니까!

그 정도로 두 그룹의 주장은 첨예하게 대립했지.

하지만 지금까지 언급한 실험의 결과를 바탕으로 하면

언어를 사용해서 원숭이와 대화하는 것은 결국 실패로 끝났다는 것을 알 수 있어.
그러니까 내 말은……!
그만 포기해.

오히려 언어는 인간만이 가지는 특별한 능력이라는 것을 증명해 준 셈이지.
쟤들은 뭔가 복잡하게 소통하네?

모든 동물에게는 인간이 사용하는 것과 같은 언어의 결정적인 전제 조건이 결여되어 있다는 게

언어의 전제 조건?

그게 뭡?

'침팬지 연구' 반대자들의 공통된 설명이야.

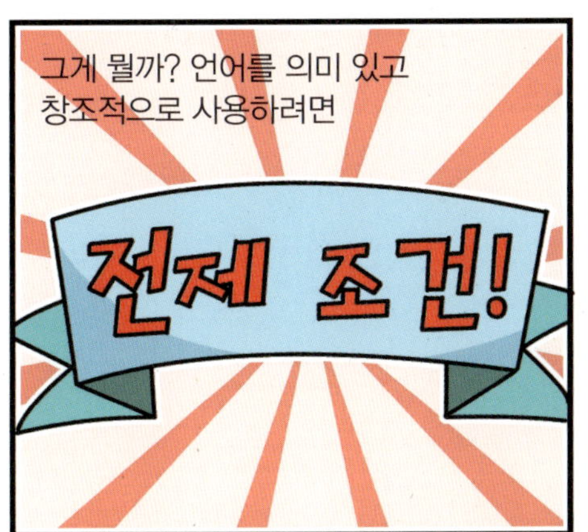

그게 뭘까? 언어를 의미 있고 창조적으로 사용하려면

전제 조건!

대화를 나누는 상대방의 입장이 되어 보는 능력이 있어야 해.

내가 어떻게 만든 건데!

갑자기 달려오더니 부셨어!

내가 상대방의 말을 이해하고 있음을 안다는 걸 알고 있어야 하는데

쾅

음…

나라도 열 받을 거야.

유인원을 비롯한 동물들은 이런 능력이 없거든.

우끼

우끼

우끼

무슨 소리지?

'우끼'라고만 하네?

그러니 앞으로도 사람의 말을 알아듣는 동물은

내 너희들에게 금도끼를 주겠노라.

예~

판타지 속에서만 만날 수 있을 거야.

동화책

처억

인간만이 언어를 갖고 있을까?

아메바, 미토콘드리아 같은 이름들을 들어 보았지요? 생물학은 인간을 포함한 생물들이 어떻게 태어나고, 성장하고, 사멸하는가를 연구하는 학문입니다. 눈에는 보이지 않을 정도로 아주 작은 생물을 연구하는 분야를 미생물학이라 한다면, 원숭이나 고릴라와 같은 큰 동물을 연구하는 분야는 동물학이라고 해요. 그런데 생물학이 언어학과 어떤 관계가 있을까요?

언어는 인간만이 가지는 특징입니다. 인간은 기도, 입, 코 등을 이용하여 소리를 내고 귀를 통해 소리를 들어요. 언어는 소리와 의미가 결합된 것이니, 언어를 연구하기 위해서는 당연히 입, 귀, 코, 기도 등의 신체기관에 대한 이해가 필요하겠지요. 그런데 인간만이 언어를 가진다

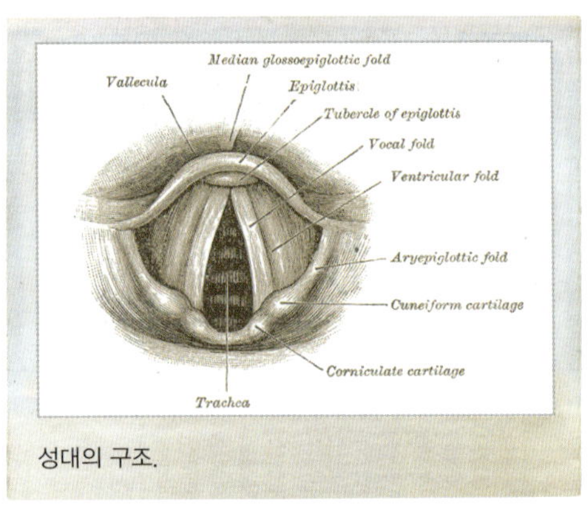

성대의 구조.

면 그것은 왜 그럴까요? 이 문제를 해결하기 위해 언어학자들에게 생물학적 지식이 필요하게 된 것입니다. 원숭이는 입의 구조가 인간처럼 언어음을 만들어낼 수 없도록 되어있습니다. 원숭이 연구를 통해 이러한 사실을 알게 된 것이지요. 그렇다면 원숭이도 인간처럼 언어를 가질 수 있는지를 알기 위해서 학자들은 어떤 방법으로 연구할까요? 언어학자들은 원숭이의 생물학적 특성을 고려하여 글자가 새겨진 플라스틱판을 조합하도록 한다든가, 컴퓨터 스크린을 만지도록 원숭이를 훈련시키는 방법을 사용해요. 언어학을 연구하는 데 생물학 혹은 동물학적 지식이 필요한 이유가 여기에 있죠.

최근에는 인간 언어 자체를 연구하는 데 있어서도 생물학적 연구가 매우 중요해

졌어요. 인간이 만들어 내는 문장만을 따로 모아서 연구하는 것이 아니라 문장을
만들어 내는 두뇌의 작용, 실제 문장이 만들어지는 과정, 문장을 듣고 이해하는
과정 등이 모두 우리의 신체구조와 관련이 있기 때문이죠. 그래서 최근의 언어학
을 생물언어학(biolinguistics)라고 부르기도 한답니다. 원숭이처럼 인간과 비슷한 생
물체만이 의사소통 능력을 가진 것은 아니에요. 꿀벌도 매우 정교한 의사소통 체
계를 가지고 있는 것으로 알려져 있어요. 꿀벌들의 놀라운 의사소통 능력은 카를
폰 프리슈라는 동물학자가 증명했죠. 중요한 것은 동물들이 과연 언어를 가지고
있는지 아닌지를 알아내기 위해서 동물학, 혹은 생물학의 지식이 필요하다는 것입
니다.

그러면 언어학은 생물학이나 동물학의 지식으로부터 일방적으로 도움만을 받
는 것일까요? 그렇지 않습니다. 언어학의 연구 결
과는 반대로 생물학의 발전에 도움을 제공하죠.
인간 언어의 특성을 밝힘으로써 동물들은 인간과
어떻게 다른지, 특정한 동물이 사용하는 의사소통
기술이 과연 인간의 언어와 어떻게 다르고 같은지
를 언어학에서 밝혀줄 수 있으니까요. 생물학 속에
는 다양한 하위 분야들이 있는데, 언어학과 직접적
으로 관련이 있는 분야는 그중에서도 동물들의 생태
를 다루는 동물학, 인간과 동물의 두뇌를 연구하는
뇌생물학, 생물들의 진화 과정을 연구하는 진화생물
학 등이라고 할 수 있습니다.

1973년 노벨생리의학상을 수상한
오스트리아의 동물학자 카를 폰 프리슈.

3장 언어에도 족보가 있다!

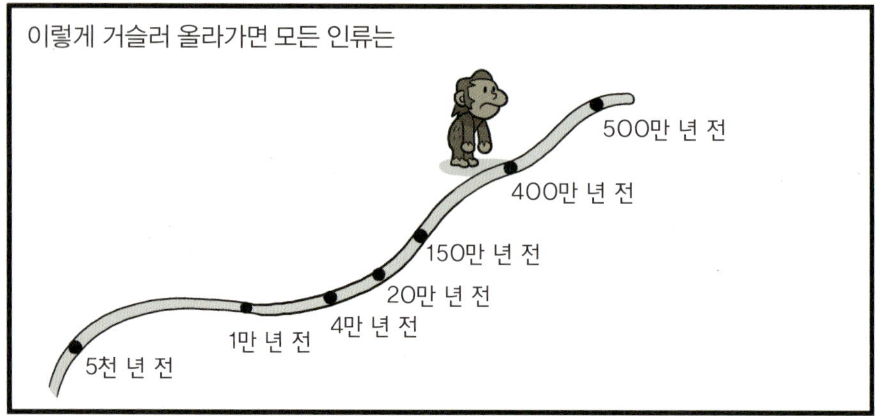

그런데 우리가 공부하고 있는 언어에도 가족이 있다는 사실 알고 있니?
흑흑
가족을 찾습니다

한국인인 우리는 아랍어보다 일본어가 배우기 쉽고, 독일인은 한국어보다 영어를 배우기가 더 쉬워.
곤니찌와
영어가 배우기 좋군.
English
독일어

한국어와 일본어, 독일어와 영어는 각각 가족이라 할 수 있기 때문이야.
가족?
가족~!

이렇게 서로 유사하거나 가족 관계인 언어들끼리 묶어 보면

전 세계에 존재하는 약 7,000여 가지의 언어들을 몇 개의 집단으로 묶을 수 있어.
바글
바글

이렇게 묶은 집단을 어족(語族)이라 하지.
어 족
Language Family

또 하나의 공통어에서 파생된 언어들은 파생언어(daughter language)라고 해.
공통언어
파생언어

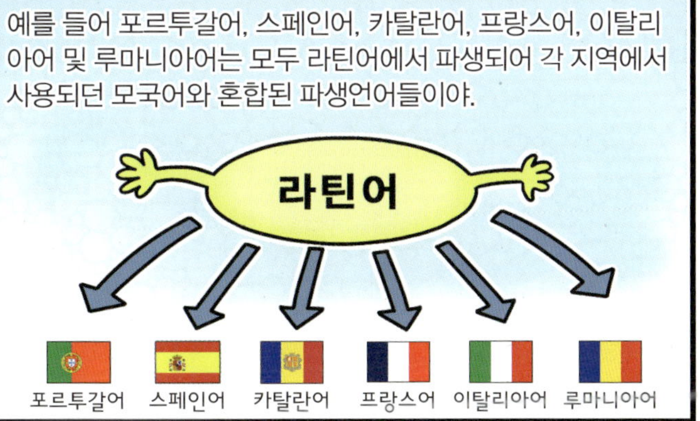

예를 들어 포르투갈어, 스페인어, 카탈란어, 프랑스어, 이탈리아어 및 루마니아어는 모두 라틴어에서 파생되어 각 지역에서 사용되던 모국어와 혼합된 파생언어들이야.
라틴어
포르투갈어   스페인어   카탈란어   프랑스어   이탈리아어   루마니아어

이디시어: 중부 · 동부 유럽 출신 유대인이 사용한 언어.

아우구스트 슐라이허(August Schleicher, 1822년~1868년)

이 그림은 원시 인도유럽어와 그 파생언어들을 표시한 어족수형도야. 원시 인도유럽어의 후손인 모든 언어들을 인도유럽어라고 부르지.

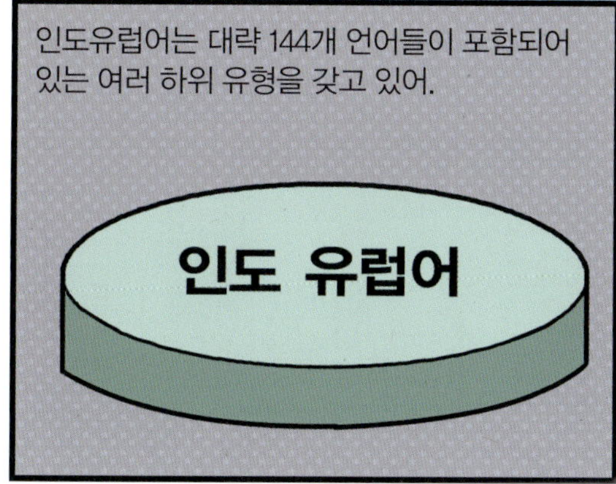

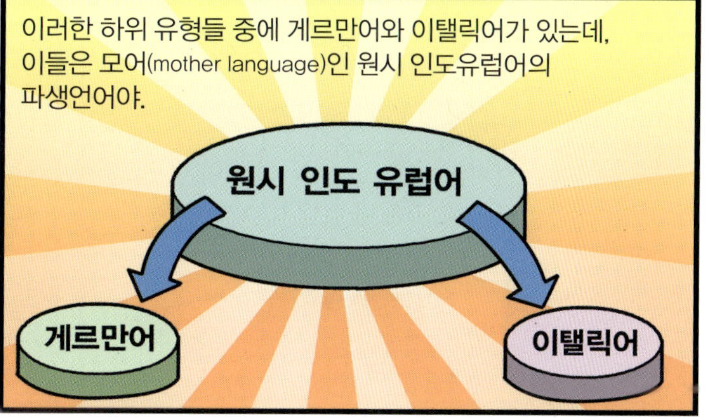

윌리엄 존스 경(William Jones, 1746년~1794년)

콜카타(Kolkata) : 구 캘커타.

하지만 그가 정말 알아내고 싶었던 것은 '언어'에 대한 거였어.

그리고 고대 인도어인 산스크리트어와 라틴어, 그리스어가 매우 많은 유사점을 지닌 것으로 보아
산스크리트어
……
그리스어
라틴어
산스크리트어 : 인도와 아시아의 여러 지역에서 사용된 고대 언어.

이런 결론을 내렸어.
공통된 언어에서 유래했을 것이 틀림없어!

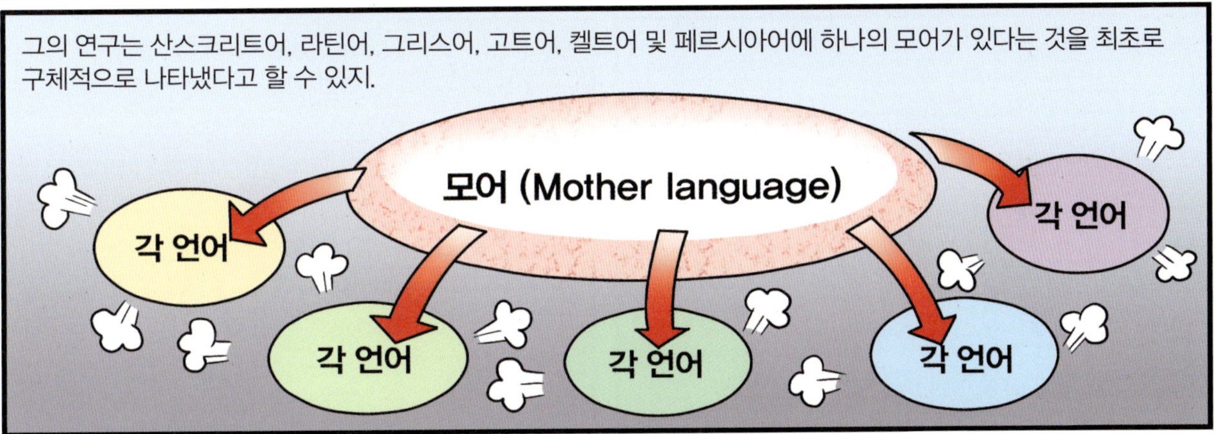
그의 연구는 산스크리트어, 라틴어, 그리스어, 고트어, 켈트어 및 페르시아어에 하나의 모어가 있다는 것을 최초로 구체적으로 나타냈다고 할 수 있지.
모어 (Mother language)
각 언어
각 언어
각 언어
각 언어
각 언어

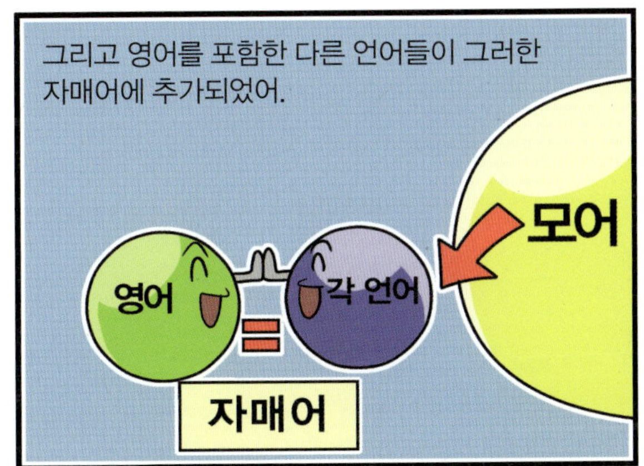
그리고 영어를 포함한 다른 언어들이 그러한 자매어에 추가되었어.
모어
영어
각 언어
자매어

인도의 산스크리트어뿐 아니라 게르만어, 로맨스어, 슬라브어를 아우르는
게르만어
로맨스어
슬라브어

소위 인도·유럽어족이 이렇게 탄생한 거야.
인도 유럽어족

언어의 친족 여부를 가늠하는 데 중요한 요소인 기본 어휘, 특히 숫자를 보면 인도·유럽어족의 형태는 더욱 확실해져.
등
1867

위에서 보는 것처럼 지역적으로나 인종적으로 거리가 있는 여러 언어의 숫자 말이 이렇게나 비슷하다는 것은 이들이 언젠가 공통의 언어로부터 갈라져 나왔음을 증명하지.

의미	라틴어	그리스어	웨일스어	영어	아이슬란드어	덴마크어
1	ūnus	oinē	un	one	einn	een
2	duo	duo	dau	two	tveir	twee
3	trēs	treis	tri	three	Þrír	drie

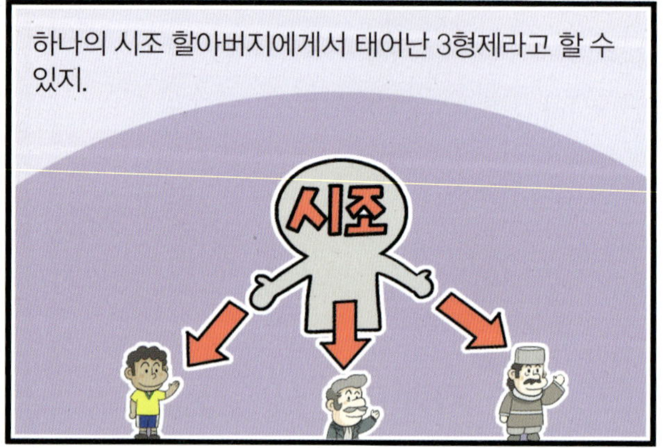

다음 표는 일부 영어 어휘들과 인도유럽어에서의 어휘를 비교한 거야.

산스크리트어	그리스어	라틴어	고트어	영어
pita	pater	pater	fadar	father
padam	poda	pedem	fotu	foot
bhratar	phrater	frater	brother	brother
bharami	phero	fero	baira	bear
sanah	henee	senex	sinista	senile
trayas	tris	tres	thri	three
	deka	decem	taihun	ten
sata	he-katon	centum	hund(rath)	hundred

존스 경은 같은 의미를 가지고 있는 이들 언어의 많은 어휘들이 아주 유사하다는 것을 알았어.
음…

그런 어휘쌍이나 집합을 동족어(cognates)라고 부른단다.
동족어 Cognates
퉁!

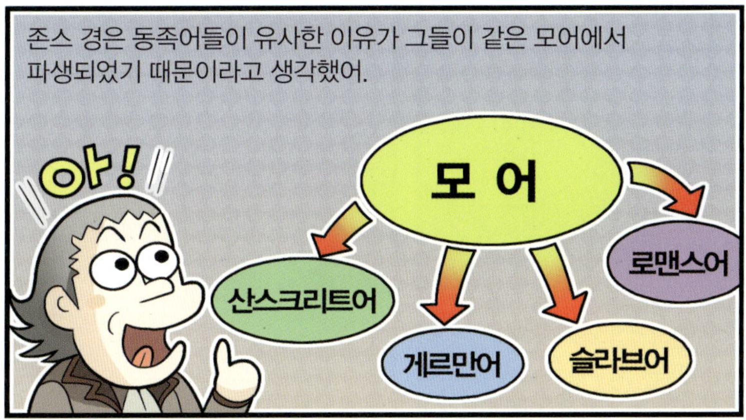

존스 경은 동족어들이 유사한 이유가 그들이 같은 모어에서 파생되었기 때문이라고 생각했어.
아!
모어
산스크리트어
게르만어
슬라브어
로맨스어

한 단어의 소리와 의미는 자의적 관계를 가지고 있기 때문이지.

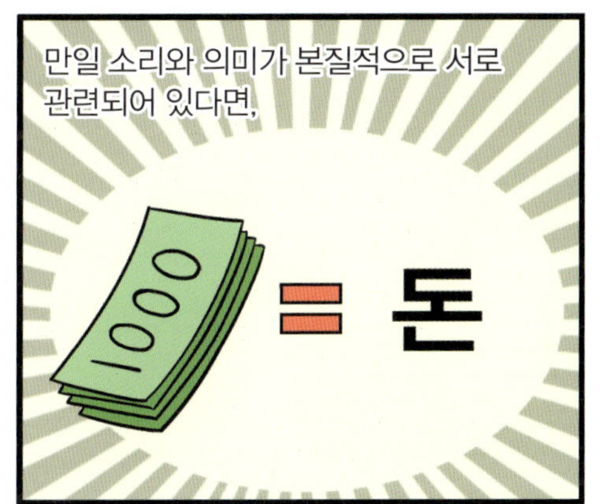

만일 소리와 의미가 본질적으로 서로 관련되어 있다면,
1000 = 돈

똑같은 의미를 가진 어휘들은 모든 언어에서 같은 소리를 지니게 될 거야.
돈   Don   とん
1000

하지만 사실은 그렇지 않잖아?
머니
오카네
돈

그런데 서로 다른 언어에서 소리와 의미가 유사성을 지니고 있다면 하나의 공통적인 기원을 갖고 있다고 봐야 하지 않을까?
Three!
미국인
Treis!
이탈리아인
3
Drie!
덴마크인
Tri!
웨일즈인

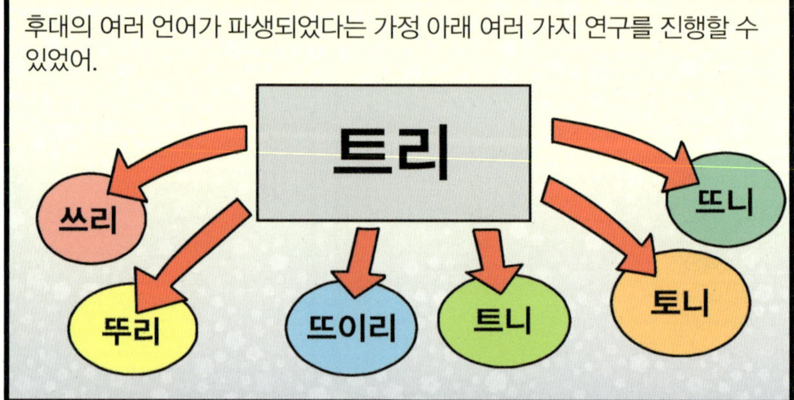

야코프 그림(Jakob Grimm, 1785년~1863년)

그는 당대의 가장 촉망받는 언어학자였단다.

오늘날엔 형제인 빌헬름 그림과 함께 수집한 동화로 더 유명하지만 말야.
그림 형제

그는 같은 어족의 언어들 간에 명확한 법칙이 있다는 것을 발견했어.
헉

1822년에 그림은 매우 오래된 단계의 언어(원시언어)에서 맨 처음 소리가 [p]였던 단어가
초기언어 자료
P

게르만어에 와서는
대개 [f]로 발음되었다는 사실을 최초로 밝혀냈어.

라틴어에서는 'pater'였지만 고대 고트어에서는 'fadar'였고,
Pater
Fadar
라틴어
고트어

이것이 오늘날 영어에서는 'father'가 되었고
Father
영어

독일어에서는 'Vater'가 되었다는 거야.
Vater
독일어

다양한 언어 간의 발음이 일정한 규칙을 가지고 변화한다는 것을 알게 된 건데,
음~ 일정한 규칙이 있군.

독일어와 영어 같은 게르만어족의 언어들과 그 언어의 초기 형태와의 관계를 설명해 주는 법칙이지.
Pater
Fadar
Father
Vater
그림의 법칙

언어학자들이 점점 더 발전시킨 이러한 법칙들로 그들은 독일어나 영어, 덴마크어가
게르만어에서 어떻게 파생되고 발전했는지를 추정할 수 있었어.
father - vater
음..

또한 스페인어나 이탈리아어, 프랑스어가 라틴어로부터 어떻게 갈라졌는지도 알 수 있었고,
라틴어
프랑스어
이탈리아어
스페인어

게르만어의 기원인 인도유럽어에 한 걸음 다가갈 수 있었지.
인도유럽어

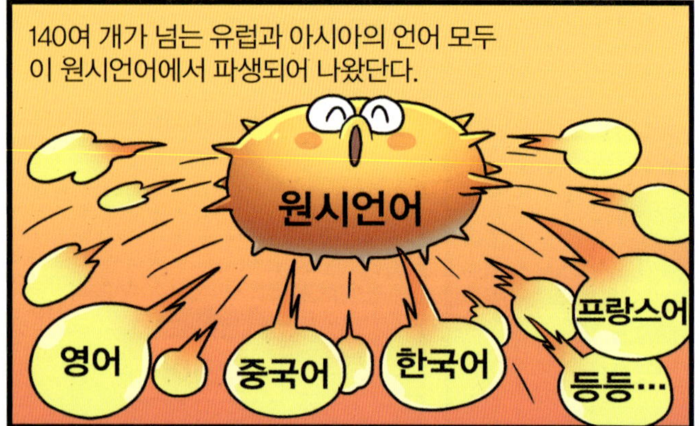

140여 개가 넘는 유럽과 아시아의 언어 모두 이 원시언어에서 파생되어 나왔단다.
원시언어
영어
중국어
한국어
프랑스어
등등…

오늘날 대부분의 연구자들은 이 원시언어가 약 6,000년 전에 사용되었을 거라는 의견에 찬성하고 있어.
약 6,000년 전
원시언어

하지만 이 언어를 사용했던 민족이

정확히 어디에 살았는지에 대해서는 의견이 분분해.
어디에 살았을까?

인도유럽어를 사용했던 사람들이 유럽의 내륙 지방에서 지금의 러시아로 이동했을 것이라는 단서가 있지만,
러시아
유럽 내륙

어떤 연구자들은 중심 근거지가 지금의 터키라고 믿지.
인도유럽어
터 키

문자언어로 전해지는 자료가 없기 때문에
자료

학자들도 인도유럽어가 정확히 어떤 모습이었는지 완전히 다 알아내지는 못했어.
인도유럽어의 모습은 대체…….

하지만 발음 변화 법칙으로 1,000개가 넘는 단어를 재구성해 내는 데는 성공했지.
400 단어
500 단어
600 단어
700 단어
800 단어
850 단어
900 단어
950 단어
1000 단어

그럼 한국어는 어디에 속할까?

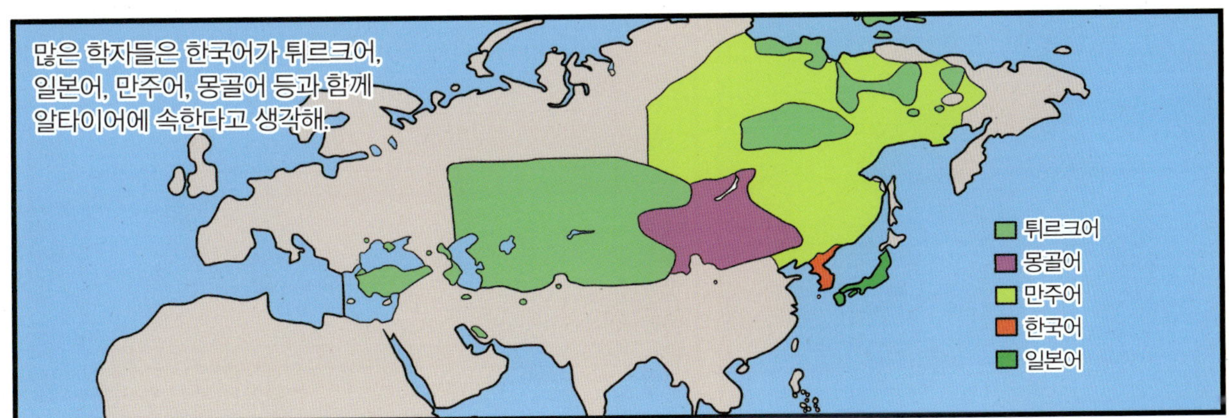
많은 학자들은 한국어가 튀르크어, 일본어, 만주어, 몽골어 등과 함께 알타이어에 속한다고 생각해.
튀르크어
몽골어
만주어
한국어
일본어

우랄·알타이어의 자매어인 튀르크어, 몽골어, 우르두어 등에는 놀랍게도 한국어와 유사한 점들을 발견할 수 있어.

우르두어 : 인도·유럽어족의 인도이란어파에 속하는 언어로, 파키스탄의 공용어 중 하나로 사용하고 있다.

튀르크어
몽골어 ≒ 한국어
우르두어

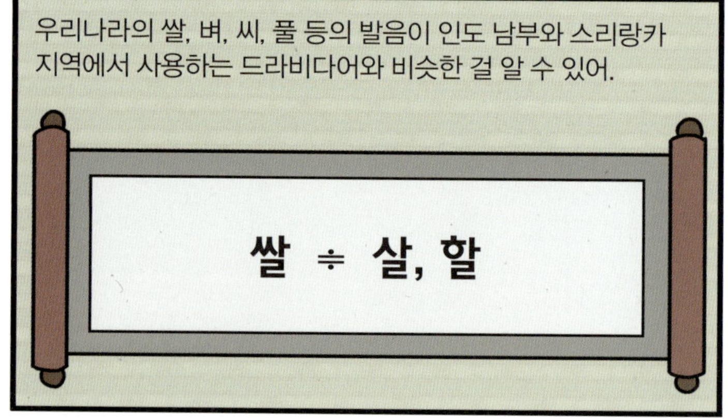

중국어와는 완전히 다르면서, 이역만리의 인도어와 같다는 거지.

의미	한국어	드라비다어
쌀(稻)	[ssal]	[sal, hal]
벼(禾)	[bye]	[biya]
씨(種)	[ssi]	[bici]
풀(草)	[pul]	[pul]

의미	한국어	타밀어
you(너)	nə, ni	ni
me(나)	na	na
rain(비)	pi	pey
knife(칼)	khal	kadi
ear(귀)	kwi	kevi
tree(나무)	namu	namu
die(죽다)	chuk	chak

타밀어에는 우리말과 마찬가지로
조사가 있고,

타밀어

~을
~에서
~이다

어순이 '주어+목적어+동사'라는
점도 발견되었지.

타밀어 어순

나는+밥을+먹는다

예를 들어, 한국어에서 윗사람을 부를 때 '김'이라 하지 않고,
'김 선생님'이라 하듯이,

타밀어에서도 간디를 부를 때

'간디'라 하지 않고 '간디지'라고 하거든.

김씨 성을 가진 사람이 인도에 가면
'김지'라고 불리겠지.

이런 면에서 '아버지'는 매우 흥미로운 단어야.
아버지

아버지가 결혼한 아들을 부를 때 '아버지야'라고 하지 않고 '아범아' 하고 부르지.
아범아~.
네~

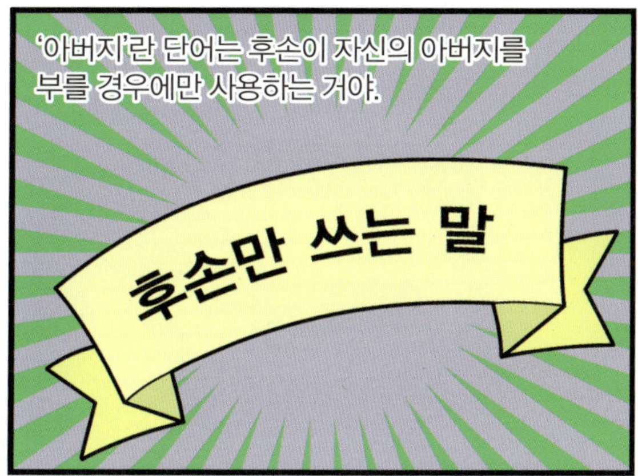

'아버지'란 단어는 후손이 자신의 아버지를 부를 경우에만 사용하는 거야.
후손만 쓰는 말

아들이 아버지를 부를 때에도 '아버님'이나 '아버지'라고는 하지만
아버지!
후손

'아버지님'이라고는 하지 않지.
왜 그럴까?
혹시 '아버지'의 '-지'가 타밀어에서 온 존칭 어미였던 건 아닐까?
아버'지', 타밀어
간디'지' '지'

타밀어로 아버지는 '아삐'이고,
아삐
어이쿠 귀여운 것.

자신의 아버지를 부를 때 종종 '아버지'로 부른다고 해.
아버지

언어의 계통을 분류하기 위해서는 전제 조건이 있어.
전제 조건!

일반적으로 두 언어의 기본 어휘가 같거나, 통사나 음운적 특질이 같으면 관련 있는 것으로 여기지.
기본 어휘
통사
음운적 특질
?

이런 면에서 한국어와 우랄알타이어는
오!
한국어
우랄알타이어

약간의 통사·음운적 속성이 같을 뿐,
아버지~
아빠지~

기본 어휘도 다르고, 여러 가지 면에서 공통점을 찾을 수 없어.
어휘
어라?
알고 보니 다르네?
어휘

한번은 이런 일이 있었어.

언젠가 영국으로 여행을 가는데,
한국
부우웅
영국

인도양 위를 날아가는 기내에서
인도양

비행 안내 방송이 되풀이되는 화면을 보고 화들짝 놀란 적이 있어.
펫부리 Petch
사라부
촌부리 Chon buri

'촌부리', '펫부리', '사라부리' 등 인도의 지명들이
'–buri'로 끝나고 있었거든.

'고락푸르', '밤푸르', '가락푸르' 등 '–pur'나 '–puri'로
끝난다는 거야.

이와 비슷한 패턴의 다양한 지명들이 떠올랐지.

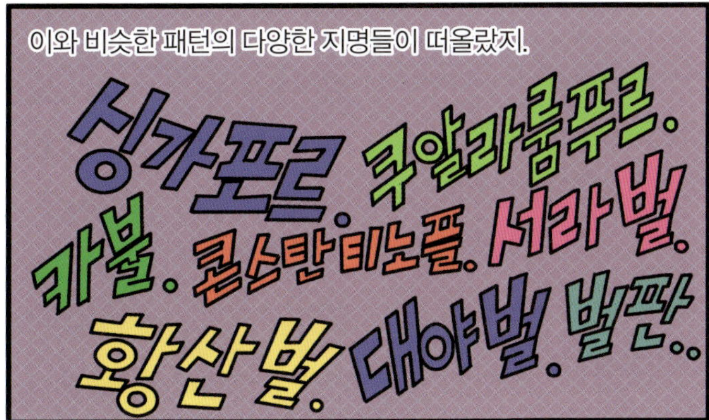

김병호 박사의 『멀고 먼 힌두쿠시』에 실려 있는 지도를 보면

한국어	라후어
너도 나도	너터 나터
나는 서울로 가요	나래 서울로 까이요
치앙마이에서 방콕까지 가요	치앙마이에 방콕까가 까이요
나에게 와요	나게 라웨요
같아요	같수이(함경방언과 동일)
이렇게 저렇게	치케 어케
소 떼	고 떼
가려나 오려나	까일레나 라일레나

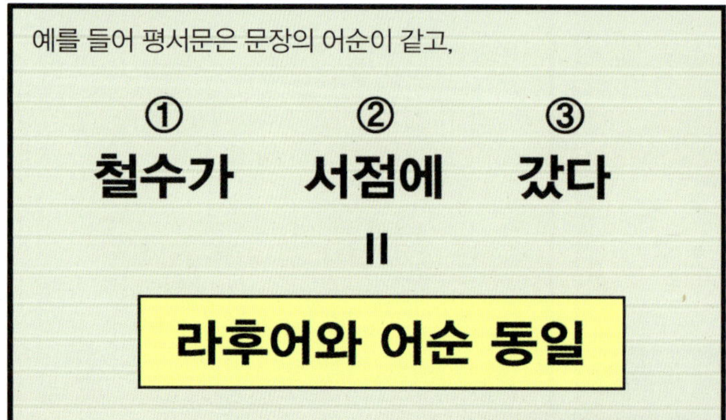

한국어	라후어
나	나
너	너
자(시오)	자(웨)
숲	수떼
술	수
새벽	사브
셋, 세	세
밝—	바
뱀	배
우리	나흐
너희	너흐

언어 속에 담긴 문화

　인류학은 인간과 인간의 활동, 인간의 생산물에 대한 연구를 통해 민족, 제도, 종교, 관습 등을 연구하는 학문입니다. 문헌 자료를 통해 유사한 주제를 연구하는 역사학과는 달리, 가능한 한 직접 관찰을 한다는 점이 인류학의 특징이라고 할 수 있지요. 19세기 중반부터 인류학은 인간의 기원, 인종 분류, 비교해부학, 언어 등을 연구하기 시작했어요.

　언어학자들이 언어연구를 위해 현장연구를 하기도 하지만, 인류학자들은 특정한 부족을 좀 더 다양한 측면에서 연구하기 위해 현장연구를 하기도 합니다. 물론 여기에는 당연히 언어연구도 포함돼요. 우리말과 영어를 비교해보면, 우리말에는 말하는 사람과 듣는 사람의 나이와 성별에 따라 같은 대상이라도 형, 오빠, 누나, 언니 등으로 불리지만, 영어로는 'brother', 'sister' 이 두 가지로만 구분되지요. 이러한 언어적 차이를 통해 어떤 사실을 알 수 있을까요? 인류학자들은 아마도 이렇게 말할 것입니다. 한국어 화자들은 성별과 나이에 대해 매우 민감한 사회구조를 가지고 있지만, 반면에 영어 화자들은 나이에 대해서는 다소 덜 민감하고 성별에 대해서만 민감한 사회구조를 가지고 있을 것이라고 말입니다. 우리말에서는 듣는 사람이 말하는 사람보다 나이가 많거나 사회적 지위가 높을 때 동사에 '–시–'를 붙여야 하는데, 영어에는 그런 현상이 없지요. 말하는 사람이 학생이라면, "교장 선생님께서 오시고 계십니다."는 좋지만, "교장 선생님이 오고 있습니다."는 다소 바람직하지 않지요. 인류학자들은 특정한 문화를 연구하고자 할 때, 현지에 가서 언어를 먼저 배우고자 합니다. 언어는 바로 해당 사용자 집단의 문화를 나타내는 거울이기 때문이에요.

　언어학자들은 인류학자들이 이루어놓은 연구 결과를 이용하여 세계의 다양한 사람들의 언어 현상을 비교하고 분석함으로써 인류 보편의 언어적 특성이 무엇인지를 밝힐 수도 있습니다. 그러나 전 세계에 존재하는 약 7천여 가지의 언어를 모두 조사할 수는 없지요. 언어학자와 인류학자들은 상호 보완적으로 연구결과를 공유함으로써 언어에 대한, 그리고 문화에 대한 이해를 심화시킬 수 있답니다.

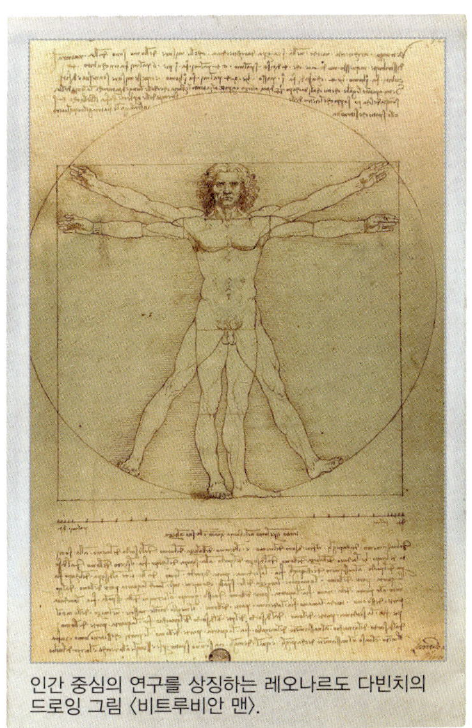

인간 중심의 연구를 상징하는 레오나르도 다빈치의 드로잉 그림 〈비트루비안 맨〉.

4장 언어도 태어나고 소멸한다?

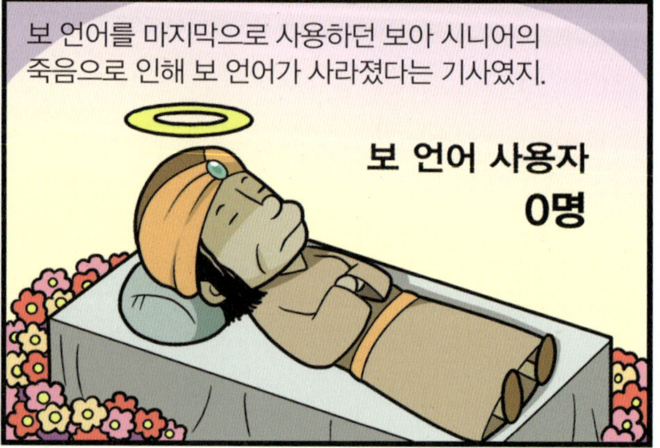

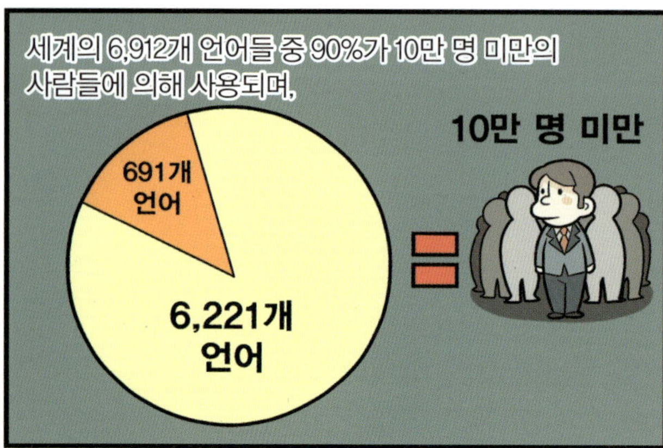

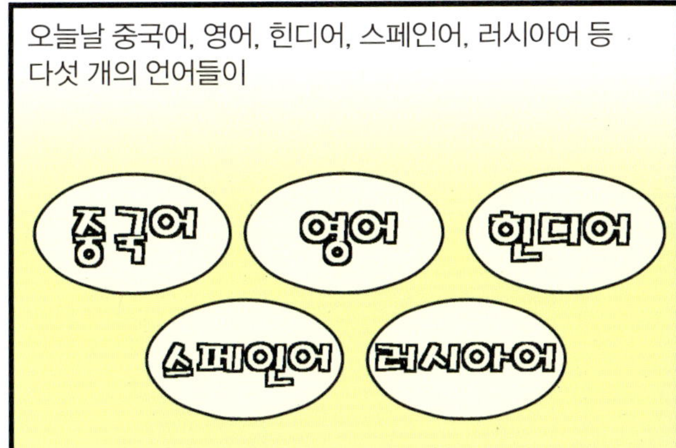

오늘날 중국어, 영어, 힌디어, 스페인어, 러시아어 등 다섯 개의 언어들이
중국어
영어
힌디어
스페인어
러시아어

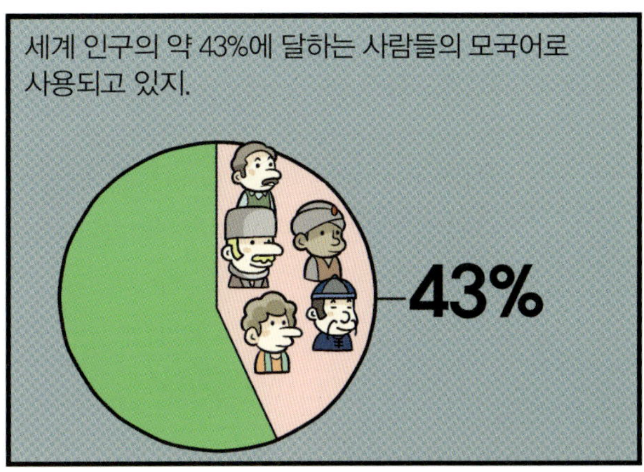

세계 인구의 약 43%에 달하는 사람들의 모국어로 사용되고 있지.
43%

일부 학자들은 10만 명 미만의 사람들에 의해 사용되는 언어 대부분이 21세기 말에 사라질 것이라고 예언했어.
사라질 것이오!

언어가 죽는다고요? 사람처럼요?
그래. 언어를 사용하던 사람이 죽고 나면 그 언어도 함께 죽는단다. 한 가지 이야기를 더 해줄게.

1877년 영국 맨 섬에서 태어난 에드워드 마드렐은

19세기에 그곳에서 태어난 다른 젊은이들처럼 아일랜드의 모래사장에서 어부를 꿈꾸며 평범한 삶을 살았어.

특별히 학문적 업적을 남기지도 않았고, 유명한 사람도 아니었어.

그런데 그의 이름이 들어간 책과 논문이 출판되고, 대학에서는 '마드렐 강의'가 열리기도 했지.
마드렐의 언어를 찾아서
마드렐은 누구인가?

왜냐하면 1974년 그의 죽음과 동시에 한 언어가 죽었기 때문이야.

그는 맨 섬의 언어인 맹크스어를 배운 마지막 주민이었거든.

마드렐이 태어나기 200년 전만 해도

맹크스어는 맨 섬 주민들이 날씨나 물고기 잡이, 가족의 건강 등에 대해 이야기하는 데 사용되는 언어였어

하지만 오늘날 맨 섬의 어린이들은 영어를 모국어로 배우고 자라.
I'm a boy

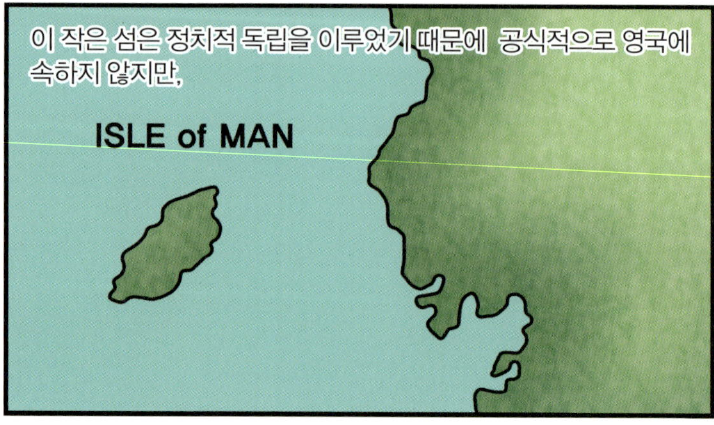

이 작은 섬은 정치적 독립을 이루었기 때문에 공식적으로 영국에 속하지 않지만,
ISLE of MAN

영국은 지난 수세기에 걸쳐 막대한 영향을 미쳐 왔어.

교육, 행정, 언론 등 모든 분야에서 영어만이 이 섬의 유일하고도 중요한 언어였지.

마드렐이 죽기 몇 년 전부터는 그와 맹크스어로 대화를
나눌 사람이 하나도 없었대.

특히 1962년에 맹크스어를 사용한
주민 중

마지막에서 두 번째 사람이 죽고 난 이후
둥
헉

12년간 에드워드 마드렐은 '마지막 맹크스어 사용자'였어.
언어학자들은 그가 죽었을 때
잠아.

맹크스어를 현재 사용되는 언어들의 목록에서
제외시켰지.
우랄알타이어
맹크스어
바나무시어
쓱쓱

학자들은 매년 100개쯤 되는 언어가 사라진다고
추산하고 있어.
100개 언어 소멸

아메리카, 오세아니아, 아시아, 아프리카 등

전 세계에서 다양한 언어들이 곧 사라질 위기에
처해 있지.

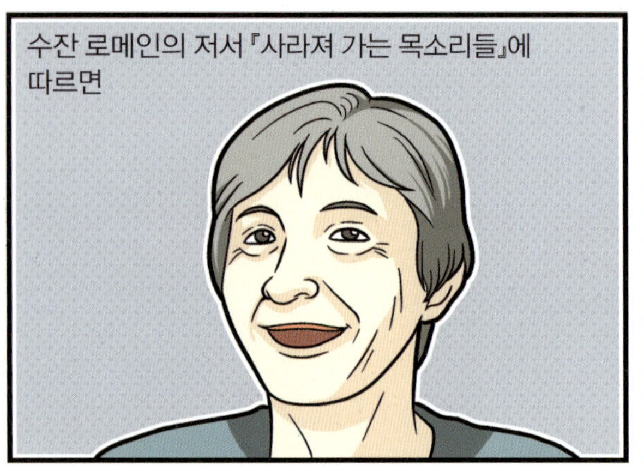

수잔 로메인(Suzanne Romaine) : 옥스퍼드 대학의 교수.

하지만 그곳조차 몇 천 명의 사람들만 일상 언어로 게일어를 사용하고 있을 뿐이야.

19세기까지만 해도 아일랜드에서는
어디 보자……

게일어를 사용하는 사람들에게 벌을 내렸다고 해.
방금 게일어 썼지?
파앗
쩌절 쩌절 쩌절
아, 아니…… 난 그저……!

우리나라에서도 일제강점기 때 우리말을 사용하면 벌을 받았었지.
일본말을 써라!
탕

다양한 언어가 말살된 사건 중 가장 큰 사건은 16~19세기에 일어났어.
16~19
언어

유럽의 정복자들이 아메리카 대륙과 호주, 아프리카와 아시아의 많은 지역을 정복하고 식민지를 건설했거든.
식 민 지

아메리카 대륙의 원주민 중 많은 부족이 완전히 멸종되었거나 몇 천 명만이 살아남았고,

죽어 간 사람들과 함께 언어 역시 죽었지.
포카혼타스
푸에블로
모호크

현재 미국에서는 영어를 쓰지만,
쌀라 쌀라

그전에는 많은 인디언 언어들이 사용되었거든.
엘레레...
식민지 건설 전 아메리카 대륙에서는

포카혼타스, 나바호, 푸에블로, 모호크 등 약 1,000개가 넘는 언어가 사용되었다고 하는데,
포카혼타스
나바호
푸에블로
모호크
1000개 언어

이제는 대부분 사라져 버렸어.
휘이잉

지금도 미국 하와이 부근의 포모족, 유키족의 언어나

일본의 아이누족 언어가 소멸 위기에 처했고,

호주에서도 많은 원주민 언어가 사라질 운명이야.

언어가 소멸하는 현상은 전 세계에서 비슷한 방식으로 일어나는데,

결정적인 원인은 언제나 정치적, 경제적 이유 때문이란다.
어헴

켈트어가 약해지고 영어가 우세해진 것도
켈트어
영어

앵글로·색슨 사람들이 영국의 여러 섬을 정복했기 때문이야.
영국

모든 문서가 영어로 쓰이고,
ABCD.....

학교에서도 게일어나 웨일스어 대신 영어가 사용되고, 직업을 얻으려면 영어를 사용해야 했거든.
난 영어를 못해~.
사장님, 시원하시죠?

19세기만 해도 아일랜드에서는 약 400만 명의 사람들이 게일어를 사용했어.
바글
바글
아일랜드

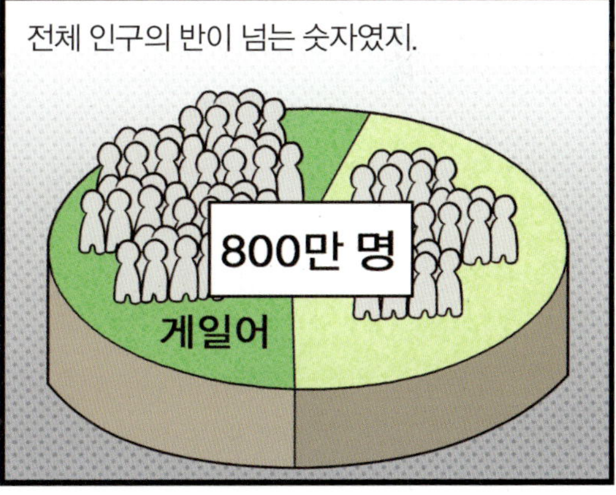

전체 인구의 반이 넘는 숫자였지.
800만 명
게일어

그러다 1845년에 이르러 극심한 흉년이 들어 사람들이 굶어 죽고,
훅훅

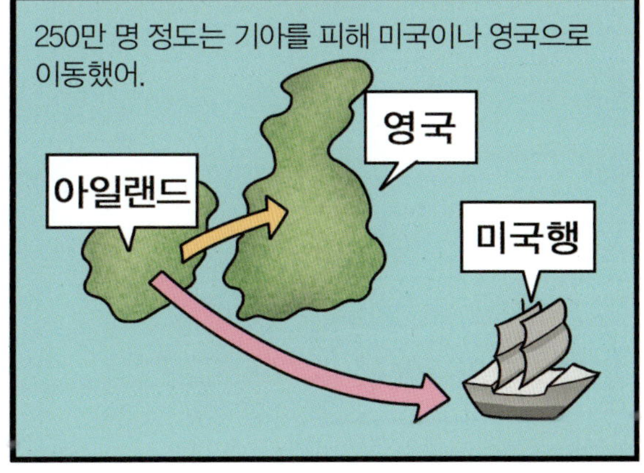

250만 명 정도는 기아를 피해 미국이나 영국으로 이동했어.
아일랜드
영국
미국행

새로운 이주 지역에서 살아남으려면 영어를 배워야 했지.
이민자들
직원 모집

아일랜드의 대도시 더블린이나 코르크 또는
벨파스트에서 일을 구하려는 사람들도

영어를 사용해야 했어.
Hello!
How are you?

결국 아일랜드가 물려받았던 게일어의 유산은 아주 짧은
시간 내에 완전히 사라져 버렸단다.

공룡들이 현대에 후손을 남기지 않은 것처럼
많은 언어들도 후손을 남기지 않고 사라진 거야.

때로 이런 일은 종족 학살 때문에 발생하기도 해.
탕탕

예를 들어 오스트레일리아 근처의 한 섬에 살던
태즈메이니아인들은
오스트레일리아
태즈메이니아섬

영국인에 의해 모두 살해되면서 그들의 언어도 함께
사라졌지.

또한 언어는 민족의 문화를 완전히 파괴하는 문화 말살로 인해

완전히 사멸될 수도 있어.
ひらがな
탁
탁

많은 식민지의 권력자들이 토착민의 아이들을 기술학교에 넣고,
흥..
기술학교

이들이 모국어를 비롯한 다른 토속 문화 활동을 하지 못하도록 했지.
일본어만 쓸 것

오스트레일리아 정부의 원주민에 대한 정책과

미국 정부의 아메리카 원주민에 대한 정책이 대표적이야.

당시 수많은 토착 언어들이 완전히 소멸되거나 소멸 직전에 놓여 있단다.
흑흑
인디언 방언
토박이 말
원주민 언어

언어가 사라지는 이유는 몇몇의 언어가 크게 성장하기 때문이기도 해.
중국어
영어
스페인어
독일어
기타 언어

중국에서 가장 중요한 언어인 만다린어는
니하오~!

9억 인구의 모국어로 사용되고 있어.
9억

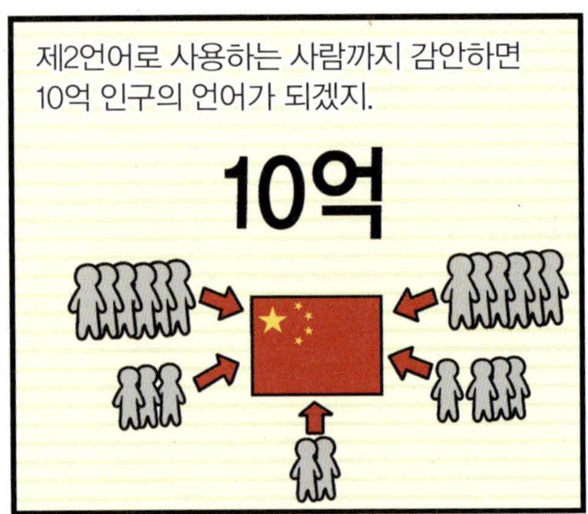

제2언어로 사용하는 사람까지 감안하면 10억 인구의 언어가 되겠지.
10억

스페인어를 모국어나 제2언어로 사용하는 사람은 5억 2,000만 명이며,
5억 2천만 명
스페인어

영어를 모국어나 제2언어로 사용하는 사람은 5억 1,000만 명이야.
5억 1천만 명
Hey!
영어

1억 3,000만 명이 사용하는 독일어는 규모로는 중간 정도지.
1억 3천만 명
독일어

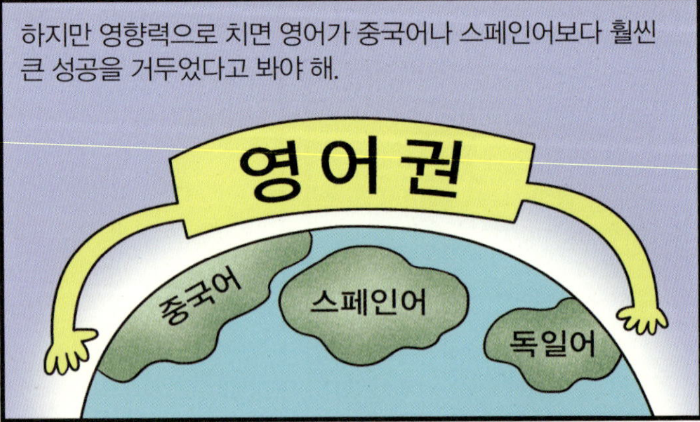

하지만 영향력으로 치면 영어가 중국어나 스페인어보다 훨씬 큰 성공을 거두었다고 봐야 해.
영 어 권
중국어
스페인어
독일어

세계의 학자들은 연구 논문을 발표할 때 실제 논문을 어떤 언어로 쓰든지 영어 요약본을 발표해야 하는데,

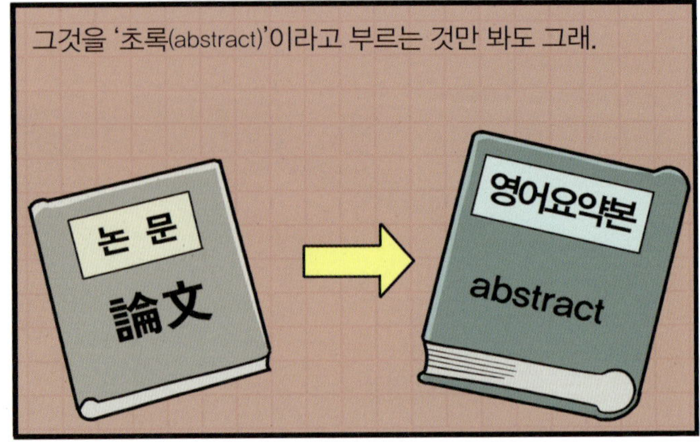

그것을 '초록(abstract)'이라고 부르는 것만 봐도 그래.
논 문
論文
영어요약본
abstract

산업국가의 기업들 대부분은 사업보고서를 그들 나라의
언어뿐만 아니라 영어로도 발표하고 있고,
waffle
와플?

인터넷에서는 모든 정보의 약 80% 정도를
영어로 표기하지.
ABCDEF~~

영어는 경제적으로나 군사적·문화적으로 강대국가인
미국의 언어이므로

그 영향력이 점점 더 커지고 있어.
세계는 갈수록 영어권

머지않아 세계의 언어는 몇 개만 남고 다 사라져 버릴
것이고
사라지는 언어들
영어
중국어
스페인어
펑
펑
펑
펑

마지막에는 단 하나의 언어, 영어만이 살아남을
거라는 예측도 있어.
영어
펑
펑

정말로 몇 개의 언어만이 살아남을지,

단 하나의 유일한 언어만이
살아남을지,
커억

지금으로서는
예상하기 어렵단다.

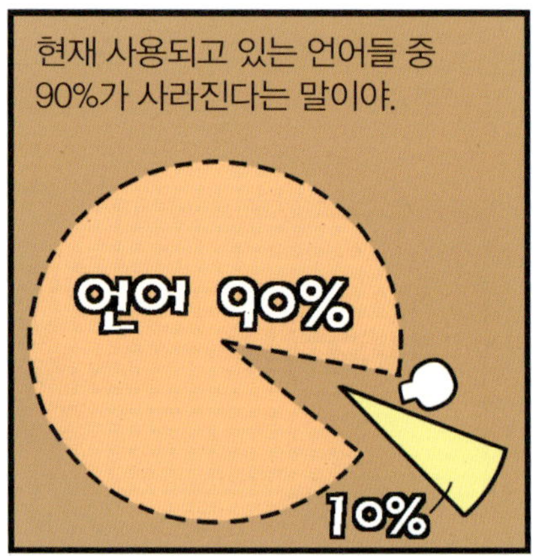

옥타비오 파스(Octavio Paz, 1914년~1998년)

이렇게 풍부한 개념 표현 방법을 갖춘 언어는 흔치 않아.

하우누 지역 땅을 가꾸거나 생태계를 보존하려는 사람이라면 당연히 하우누족 언어로 구축된 지식을 배워야겠지.
~~~
~~~

그렇다면 어떻게 해야 언어가 사라지는 것을 막을 수 있을까?

다음의 사례에서 희망의 씨앗을 엿볼 수 있어.
언어 살리기 사례

맹크스어는 1974년 마드렐이 사망한 후
1974년 마드렐 사망

맨 섬 사람들에 의해 부활되고 있다고 해.
맹크스어를 다시 살리자

1992년 처음으로 맹크스어 수업이 개설되자
맹크스어반

전체 학생의 20% 정도가 등록할 정도로 인기 있었고,

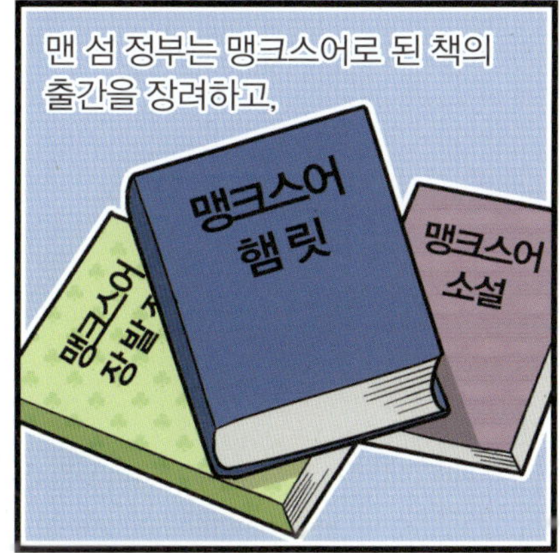

맨 섬 정부는 맹크스어로 된 책의 출간을 장려하고,
맹크스어 햄릿
맹크스어 소설

이 언어를 되살리기 위한 기관까지 두고 있지.
맹크스어 본부

아일랜드에서도 게일어가 되살아나고 있어. 20세기 초만 해도 일부 농부와 어부들만 사용하던 게일어가

1922년에 벌어진 아일랜드 독립 전쟁을 계기로 부활한 거야.
탕

영국에 대항하여 독립전쟁을 치르면서
독립 만세!
VS

아일랜드인들은 모국어인 '아일랜드 게일어'를 통해 민족의 주권을 찾으려고 했던 거야.
게일어

현재 아일랜드 게일어는 영국의 공용어가 되었고,
게일어 + 영어
아일랜드

유럽연합의 공식 언어 중 하나로도 채택되었지.
채택됐습니다!
와~

그뿐만이 아니야. 스페인 북동부에서 사용되는 바스크어는 1939년부터 1975년까지 계속된 독재자 프랑코 정권 아래서
콰르릉

온갖 탄압을 받았어.
크크
바스크어
덜
덜

학교에서 이 언어를 사용하는 것이 금지되었고 바스크어 신문 같은 건 전국 어디에서도 찾아볼 수 없었지.

그러나 스페인의 독재자가 죽자

바스크어 사용자가 비약적으로 늘어나기 시작했어.

주민들은 바스크어 지명을 모든 도로 표지판에 기입해야 한다고 주장했고 이를 실현시켰지.

바스크어와 스페인어로 표기되어 있는 도로 표지판.

한때 사라질 위기에 처했던 바스크어를 능숙하게 구사할 수 있는 사람은 이제 70만 명이나 돼.

바스크어로 방송되는 텔레비전 및 라디오 방송과

바스크어 문학이 강력히 장려되고 있지.

카탈로니아어도 프랑코의 독재기간 동안 탄압을 받았지만

이젠 700만여 명이 카탈로니아어의 다양한 변종을 일상 언어로 사용하고 있어.

엘리제르 벤 예후다(Eliezer Ben-Yehuda, 1858년~1922년)

이렇듯 언어를 부활시키고자 하는 움직임은 세계의 여러 지역에서 진행되고 있어.
들썩
들썩

인류학자들과 언어학자들은
뚝벅
뚝벅

미국 원주민들이 그들의 언어 일부를 다시 사용하는 것을 돕고 있으며,
인디언어

하와이와 남태평양 섬들에서는

언어를 부활시키는 프로그램들이 진행 중이야.
하와이어 강좌
토착어 배우기
원주민 수업 개강

빠르게 확산되는 세계화에 맞서 많은 민족들이

그들의 민족 유산을 부활시키고자 시도하고 있고
언어 부활 운동 역시 이 일환으로 진행되고 있단다.

언어 통제는 곧 사상 통제

독재자가 모든 국민을 감시하는 전체주의 국가의 일그러진 모습을 그린 조지 오웰(George Orwell)의 『1984』란 유명한 소설이 있습니다. 여기에 등장하는 단어들 중 '더블스피크(double speak)', 즉 이중화법이란 말이 있는데, 예를 들면 '평화'란 어휘는 실제로는 '전쟁'을 의미한다는 것입니다. 독재국가에서는 무엇보다도 먼저 사상을 통제하는데, 사상 통제는 언어 통제를 통해 나타나게 됩니다. 지금은 역사의 일부로 사라진 공산주의 국가들에서 정치언어학 혹은 언어정치학이 발달했던 것도 이와 관련이 있다고 할 수 있습니다. 국민을 통제하기 위해 국민이 사용하는 언어를 먼저 통제하는 것이지요.

언어를 어떻게 통제할까요? 쉽게 설명하자면, 고운 말을 쓰면 우리의 마음이 고와지고 거친 말을 쓰면 우리의 마음이 거칠어진다고 믿는 것이지요. 언어가 사상을 결정한다는 사피어·워프 가설을 통해 알 수 있듯이, 공산주의와 민주주의가 대결을 하던 1950년대에 공산주의 국가들에서는 사상통제의 일환으로 언어를 통제했습니다. 예를 들면 적국에 대한 적개심을 고취하기 위해 적국 국민에 대해 거친 어휘를 사용했지요. 이런 것이 정치언어학의 한 측면이라고 할 수 있습니다.

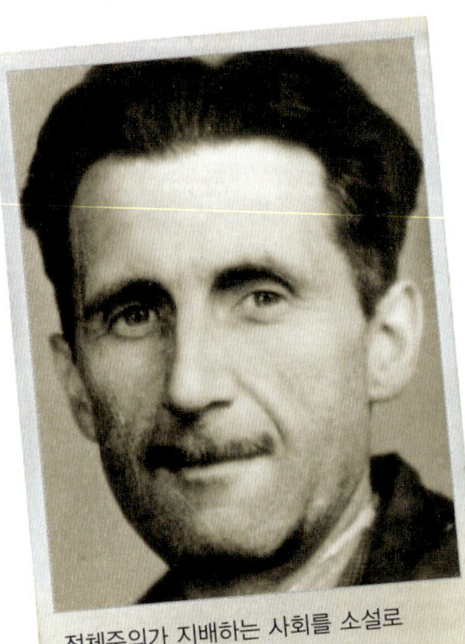

전체주의가 지배하는 사회를 소설로 묘사한 조지 오웰.

물론 정치언어학에는 여러 가지 다른 연구 분야들이 포함됩니다. 사상통제를 위해 특정한 어휘를 사용하지 못하게 한다든가, 비판적 사고를 금지하기 위해 관련 어휘들을 사용하지 못하게 하는 경우도 있는데, 정치언어학에서는 이러한 문제들을 연구하기도 합니다.

　정치언어학은 계몽주의 시대에 널리 연구되었고 19세기에 이르러 정치학에서 독립하여 독립적인 학문으로 발전했습니다. 정치학이란 쉽게 말해 사람들 사이의 권력관계를 분석하는 학문인데, 정치언어학은 언어 연구를 통해 권력관계를 분석하는 것이라 할 수 있지요. 그런 의미에서 20세기 초에 등장한 소쉬르의 구조주의 언어학은 정치언어학의 근원이라고도 할 수 있습니다. 소쉬르는 사람들 사이의 관계망 속에서 언어가 어떻게 생성되고, 권력관계가 언어에 의해 어떻게 생기거나 영향 받는가를 연구했으니까요. 그의 학문은 소위 포스트모더니즘 혹은 후기구조주의라고 하는 학파에 의해 계승되었는데, 푸코, 들뢰즈, 보드리야르 등의 후기구조주의 학자들이 대개 언어분석을 통해 인간의 권력관계를 파헤쳤습니다. 미국의 언어학자인 로만 야콥슨도 넓게 보아 정치언어학 연구자라고 할 수 있지요.

　여러분도 정치언어학을 연구할 수 있습니다. 신문이나 방송 등 언론에 나타난 정치가들의 말을 분석해 보는 것입니다. 어떤 정치가가 '복지'란 어휘를 자주 사용한다면, 우리는 그 정치가를 복지주의자라 할 수 있겠지요. 또 어떤 정치가가 '애국'이란 어휘를 즐겨 사용한다면 우리는 그를 보수주의자라고 할 수 있을 것입니다. 정치가들이 사용하는 어휘는 앞에서 말한 이중화법일 가능성이 많지만, 필연적으로 해당 정치인의 성향을 드러낼 것입니다. 시위자들이 사용하는 어휘와 주장들을 분석하는 것도 정치언어학의 한 방법입니다. 그러므로 정치 분석에 있어서 언어학적 연구 성과들이 도움이 되는 것은 당연한 것입니다.

근대 구조주의 언어학의 시조 페르디낭 드 소쉬르.

5장 우리는 어떻게 말을 배우는 것일까?

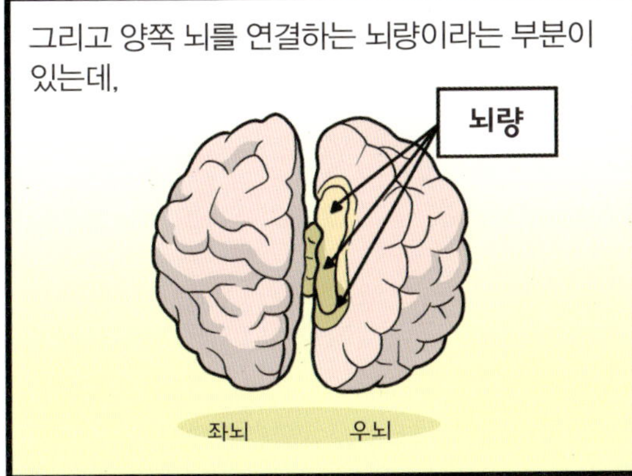

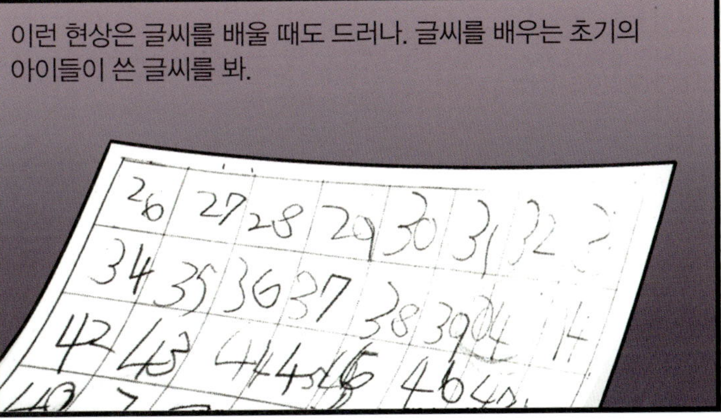

<table>
<tr><td colspan="3">39 다음의 40이 04로, 41은 14로 쓰였고,
49 다음의 50에서 5의 방향이 거꾸로 되어 있어.</td></tr>
<tr><td>실제</td><td></td><td>쓰기</td></tr>
<tr><td>40</td><td>→</td><td>04</td></tr>
<tr><td>41</td><td>→</td><td>14</td></tr>
<tr><td>50</td><td>→</td><td>05</td></tr>
</table>

어린아이들의 언어 습득 과정에서 또 한 가지 특이한 점은 단어의 소리를 다르게 낸다는 점이야.
톡, 톡, 타, 타

말을 배우기 시작한 세 살짜리 아이는
나?

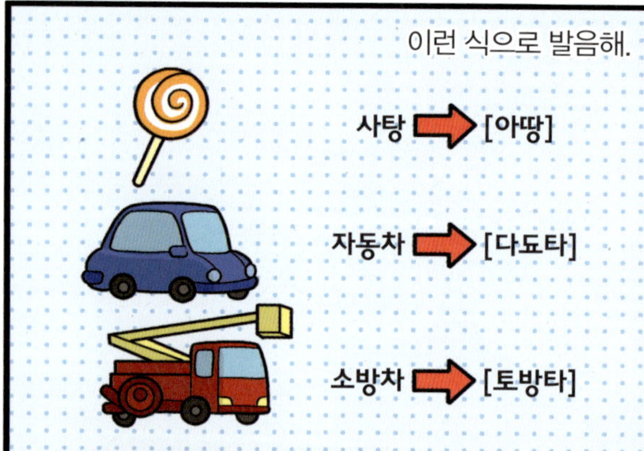

이런 식으로 발음해.
사탕 ➡ [아땅]
자동차 ➡ [다됴타]
소방차 ➡ [토방타]

아무리 소방차라고 고쳐 줘도 아이는 [토방타]라고 발음하지.
토방타가 아니고, 소·방·차.
토방타

아직 발성기관이 충분히 발달하지 않아서 원하는 발음을 제대로 하지 못하는 거야.
따랑해
'사랑해'인데~.

그렇다고 아이들이 발음을 구별하지 못하는 것은 아니야.

어른이 사탕을 [아땅]이라 발음하면 오히려 아이가 알아듣지 못하거든.
아땅
뭔 소리지?

아이는 '사탕'이라고 생각하는데, 입이 안 따라 줘서 [아땅]이라고 하는 것뿐이야.
아…… 아땅?

자동차	다됴타
새끼	태끼
소화기	토화기
쓰지 마	뜨지 마
색연필	때어비
선생님	떤탠니
고맙습니다	고마뜬다

아이들은 발음만 다르게 하는 것이 아니라, 문법도 다르게 써.

밥 안 먹어.
안 밥 먹어.

학교에 안 가.
안 학교에 가.

소리도 문법도 다르게 쓰는 아이들을 보고 있자니
흥! 모모 섬

아이들이 과연 어떻게 언어를 배우게 되는지 궁금해지지 않니?
정말 궁금해?
궁금하면 오백 원!

여기에는 두 가지 이론이 있어.

하나는 인간이 학습과 훈련에 의해 언어를 습득한다는 '스키너의 학습 이론'이고,
모모학원

다른 하나는 인간의 언어 능력은 태어날 때부터 가지고 태어나는 것이며
옹알옹알
가나다라마 바사……

경험은 그러한 능력을 촉발시키는 기능을 한다는 '촘스키의 유전 이론'이야.
어, 그러니까……
쌀라쌀라 어쩌고 저쩌고……
여러 경험

벌허스 프레더릭 스키너(Burrhus Frederic Skinner, 1904년~1990년)

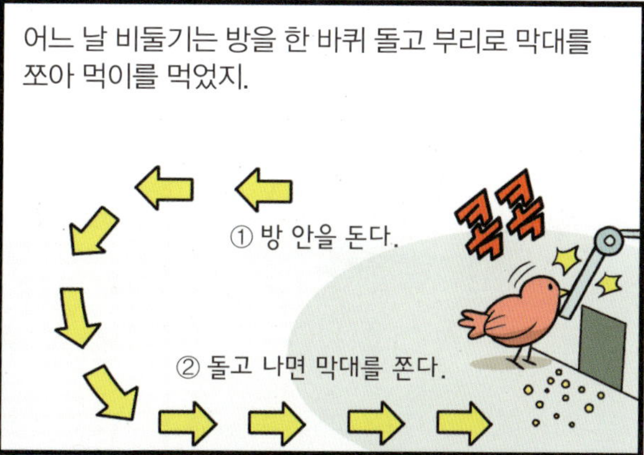

스키너는 이 실험으로 얻은 행동심리 이론을 인간의 언어 습득에도 적용시켜
이 행동심리 이론을 인간에게 대입시킨다면…….

아이들의 언어 습득도 결국 반복 학습의 결과라고 주장했지.
아빠
아빠
아빠
아빠
언어 행동 이론

촘스키는 스키너의 언어 습득 이론에 심각한 문제가 있다고 비판했어.

아이들은 아주 짧은 시간에 공식적인 학습 훈련이 없이도 생전 처음 듣는 문장들을 구사할 수 있는데,
강남 스타일~!
웁! 웁!
떵남 스따일!

이는 스키너의 이론으로 설명이 되지 않는다는 거야.
부실한 이론이야!
뭐, 뭐야?

오늘날에는 아이들이 어른들의 말을 단순히 모방함으로써
아유~, 말도 마~.
아뉴~, 말또 마~.

언어를 습득하는 것이 아니라는 가설이 폭넓게 받아들여지고 있어.
윽!
지지

아이들은 주변에서 한 번도 들어보지 못한 말들을 만들어 내기도 하고, 독특한 방식으로 단어들을 연결하기도 하거든.
숑숑 열라인 거임.
'지하철'은 지하에 철이 있다는 건가?

또 촘스키는 스키너의 '강화이론'이라는 것도 비판했어.
이것도 잘못됐다고 생각합니다!

강화이론이란 어린아이가 바른 말을 했을 때 긍정적으로 강화를 받고,
어머니, 다녀오겠습니다!
그래, 다녀오렴~!

틀린 말을 구사했을 때 부정적으로 강화를 받아서
빠이빠이, 나 학교 감~.
너 이 녀석!

끊임없이 자기 교정 과정을 통해 언어를 습득한다는 이론이야.
우잉~
이러면 혼나는구나~.

대신 촘스키는 언어가 유전적으로 주어진 것이라는
언어 생득설을 주장했어.
언어 생득설

인간이 언어 능력을 타고난다는 가설은
오냐, 우리 아기!
마마!

모든 인간은 보편적인 하나의 언어를 가지고 있다는

보편 언어설과 함께 촘스키의 중요한 개념이야.
중요하니 체크!
언어 생득설 개념

장 피아제(Jean Piaget, 1896년~1980년)

충분한 양의 언어 자료를 제공하고 이를 연습시키면 인간은 언어를 습득할 수 있다는 거지.
국어
영어
중국어
일어
등등
쌀라쌀라~.
어쩌고 저쩌고~.

언어도 다른 일련의 자극과 반응에 따라 나타나는 행동과 같기 때문이라는 거야.

그러나 실제로 성인들은 외국어를 배우기 위해 수많은 돈과 노력과 시간을 들이는데도
학원비가 너무 비싸!
영어
영어학원

잘 되지 않는 경험을 종종 하게 되는 반면,
벽 벽
크으
너무 어려워~!

어린아이는 두세 살만 되어도 주어진 언어를 거의 완벽하게 구사할 수 있어.
빵!
로봇!
뽀로로!
유치원!

특별한 학습이나 노력을 기울이지 않아도 말이야.
토비야
또비야!
가르치지도 않았는데…….

아주 열악한 상황에서도 아이의 언어 습득은 별반 차이가 없어.
아, 아빠랑 고, 공놀이 하, 할까?

한마디로 언어 습득은 너무나 완벽하고 급격하고 자연스럽게 이뤄진다는 거지.
아빠, 유치원 다녀오겠습니다!
닮지 않아 다행이야.

한국 아이가 미국에서 길러지면

그 아이는 영어를 능숙하게 구사하고,

반대로 미국 아이가 한국에서 한국말을 하는 부모에 의해 길러지면,
아따, 귀엽구마잉~.

한국어를 완벽하게 구사해.
잘 들어가고잉~.
잘 가

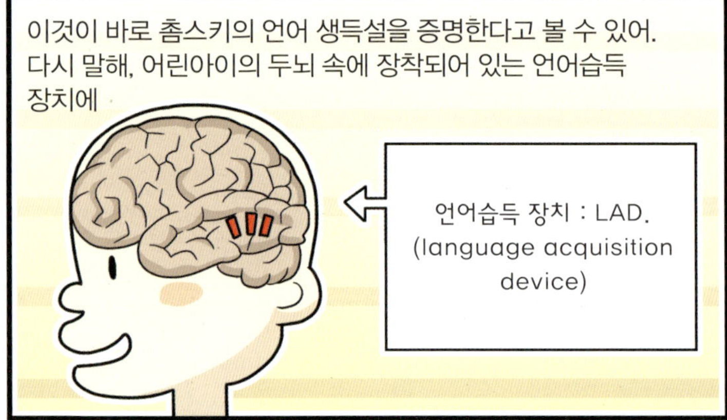

이것이 바로 촘스키의 언어 생득설을 증명한다고 볼 수 있어.
다시 말해, 어린아이의 두뇌 속에 장착되어 있는 언어습득 장치에
언어습득 장치 : LAD.
(language acquisition device)

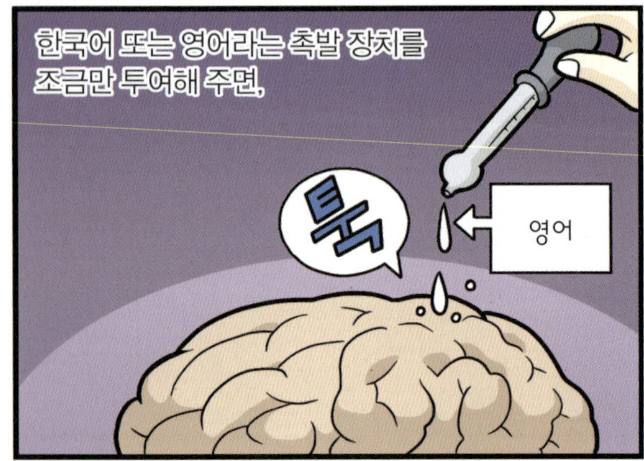

한국어 또는 영어라는 촉발 장치를 조금만 투여해 주면,
툭
영어

언어 능력이 기능을 발휘해서 마침내 주어진 언어를 구사하게 되는 거지.
Hello!
Nice to meet you!
와...
와우

여기서 중요한 개념은 언어가 '습득되어진다'는 점이야.

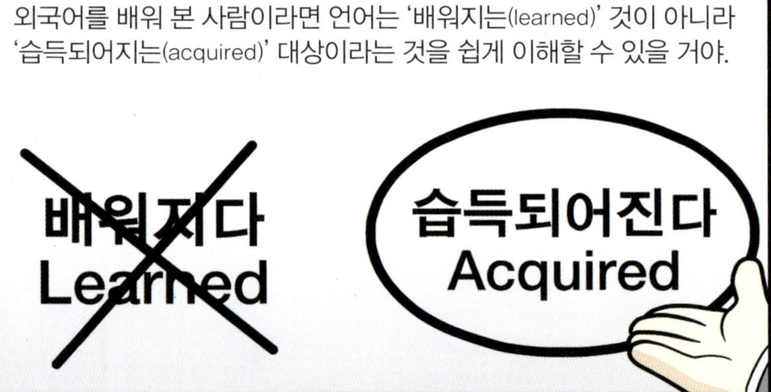

외국어를 배워 본 사람이라면 언어는 '배워지는(learned)' 것이 아니라 '습득되어지는(acquired)' 대상이라는 것을 쉽게 이해할 수 있을 거야.
배워지다
Learned
습득되어진다
Acquired

인간은 대략 13세 정도가 지나면서 이 생득적인 언어 능력이 고정되므로,
7세
10세
13세
청소년기

그 이후에 언어를 배운다는 것은 대단히 어렵고,
너무 어렵다고!

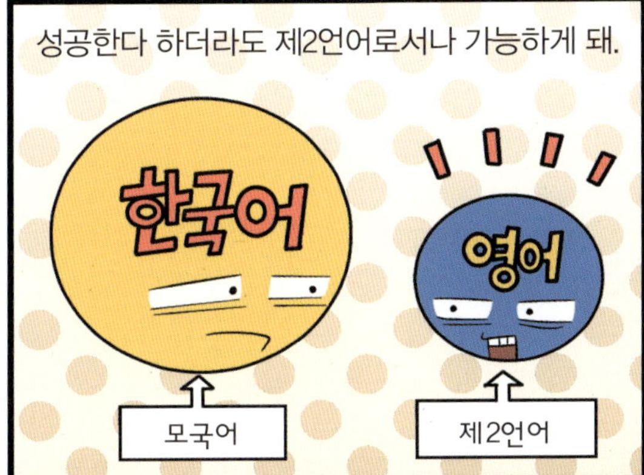

성공한다 하더라도 제2언어로서나 가능하게 돼.
한국어
영어
모국어
제2언어

대략 사춘기에 해당하는 이 나이를 한계시기라고 해. 한계시기가 지나도록 언어에 노출되지 않으면
프랑스어
한국어
일본어
독일어
중국어
영어
휴

언어를 습득할 수 없어.

유명한 예가 지니(Genie)의 경우야.

지니는 대략 13세까지 밀폐된 공간에 갇혀 있었는데,

발견된 후 많은 언어학자들과 치료사들의 노력에도 불구하고
이럴 수가!

생전에 언어를 습득하지 못했어.
아……
어…… 우……

마치 아무리 영양을 공급해도
와구 와구

팔과 다리, 키가 어느 정도 나이까지만 자라는 것처럼,
언어도 한계시기 이후에는 습득되지 않는
신생아
7세
16세
20세
70세

유전적 현상으로 보는 것이
촘스키의 이론이야.
촘스키 이론
=
유전적 현상

그렇다면 언어는 어떤 과정을 거쳐 습득될까?
이제부터 보다 구체적으로 단계별 언어 습득 과정을
살펴보도록 하자고.

아이들의 언어 습득은 소리를 내는 것부터
시작하는데,
우애앵앵

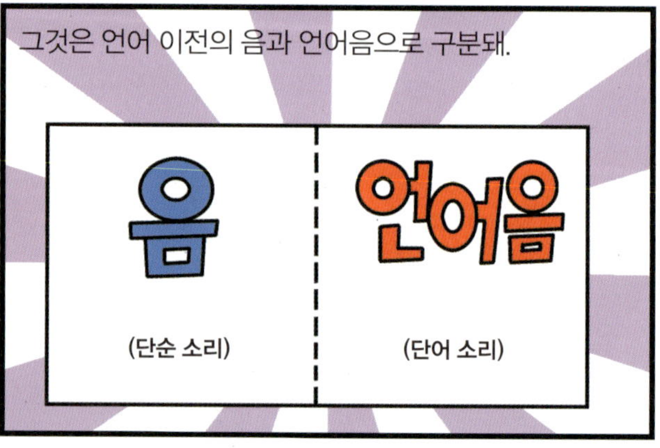

그것은 언어 이전의 음과 언어음으로 구분돼.
음
(단순 소리)
언어음
(단어 소리)

언어 이전의 최초의 음은 외침소리, 울음소리,
새근거림 등을 말하는데,
야호오~
우아아앙

이런 소리는 자극에 의한 것이지 언어음과는
아무 상관도 없어.
철푸덕!
으악!

그러나 벙어리가 아니라면 어린아이는 당연히 이런 소리를 낼 수 있고,
마!
마!
마!
아!
아!
아!

그래야 언어 습득으로 나아갈 수 있어.
어!
엄마!
저녁밥 뭐야?
와~! 내가 제일 좋아하는 스파게티!

예로부터 태아가 울지 않으면 엉덩이를 때려서 울게 했던 것은
분만실
찰싹

바로 이러한 원리를 터득했기 때문일 거야.
으앙앙

어린아이는 약 6개월 정도가 되면 옹알이를 시작하는데,
옹알옹알

이 시기에 대상 언어에 속하는 언어음과 그렇지 않은 음을 구별하게 되는 거야.
'엄마'라고 해 봐!

대략 한 살이 지나면 첫 번째 단어를 말할 수 있게 되는데
엄마
엄마
오오~, 우리 아기 천재네!

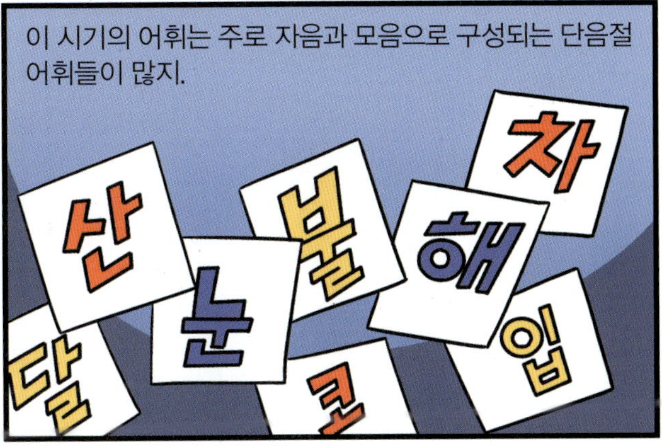

이 시기의 어휘는 주로 자음과 모음으로 구성되는 단음절 어휘들이 많지.
산
차
불
해
달
눈
코
입

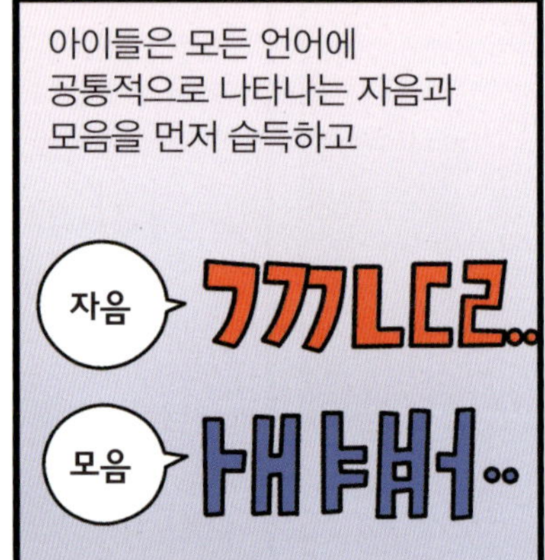

로만 야콥슨(Roman Jakobson, 1896년~1982년)

어휘 습득 현상을 보면, 어린아이 기간에 특정한 발음을 하는 것은 어려워.
우리 아기 훌륭하다~!
후…… 흥늉해…….
발음

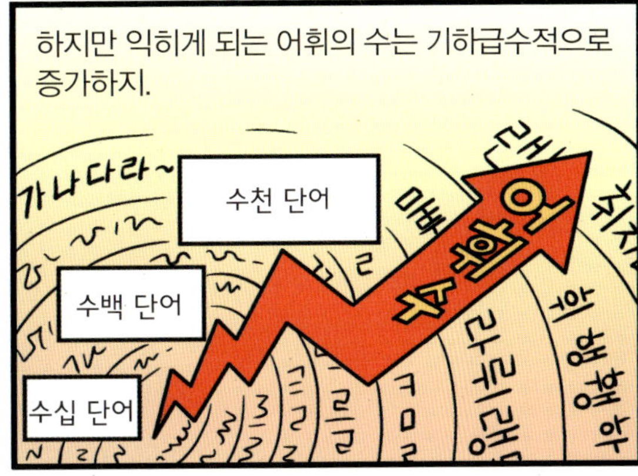

하지만 익히게 되는 어휘의 수는 기하급수적으로 증가하지.
가나다라~
수천 단어
수백 단어
수십 단어

가령 두 살짜리는 약 3,000개의 어휘를 습득하는데,
3000개
사과
우유
인형
자동차
와~, 많이 얻었다!

여섯 살이 되면 약 1만 3,000개의 어휘를 알고 있어.
13000여 개

3년 사이에 대략 1만 개의 단어를 익힌 셈인데,
10000

이를 계산하면 하루에 약 아홉 개의 새로운 단어를 배운 셈이지.
1일 × 9개 단어
음, 이건…….
거울?

하지만 어른이 되면 하루에 아홉 개 혹은 그 몇 배의 단어를 잊어버리기도 해,
음, 그게 뭐였지? 갑자기 생각이 안 나네~.

혹시 우리가 잊어버리는 어휘들을 아이들이 가져가는 건 아닐까?
내 단어 내 놔!
이건 내 거!
어휘

아무튼 어린아이가 언어를 습득하는 과정은 참으로 놀라워.
하하하
어휘

인간 발달 과정에 따른 언어 변화

언어는 심리현상일까요? 물론 인간은 입으로 말을 하고, 귀로 듣습니다. 그러나 언어가 어디서 생기는가를 생각해 보면, 언어는 우리의 두뇌에서 생긴다고 말할 수밖에 없습니다. 그런 이유로 1950대에는 심리언어학, 혹은 언어심리학이란 분야가 각광을 받았지요.

행동주의 심리학자인 스키너는 언어습득을 자극과 반응이라는 학습이론으로 설명했고, 이에 대해 촘스키는 '언어는 유전적으로 타고난 것'이라고 주장하면서 이를 인지과학의 연구대상으로 간주했습니다. 촘스키가 언어학자인데 비해 스키너는 넓게 보아 심리학자입니다. 언어학과 심리학은 떼려야 뗄 수 없는 불가분의 관계를 맺고 있지요.

스위스의 심리학자 장 피아제.

한편 스위스의 심리학자 장 피아제는 아동 발달의 연구를 통해 언어의 발달 현상을 분석했습니다. 이를 발달심리학이라 부르는데, 언어습득 현상이 모두 이 분야의 연구 대상이지요. 언어의 발달 과정을 살펴보면 아이는 약 8주 정도가 되면 구구소리(cooing)를 내고, 약 6개월 정도가 되면 옹알이를 시작하며, 대략 한 살이 지나면서 첫 번째 단어를 말하게 됩니다. 그 후부터는 두 단어 단계, 전보문 단계를 거치게 되지요.

그런데 피아제는 정확하게는 '구성주의'라 불리는 인지발달이론을 주장하였는데, 아이의 인지능력이 발달하면서 언어도 동시에 발달한다는 것입니다. 성숙과 함께 개념이 발달하는 것이지요. 피아제의 주장에 의하면 인간은 감각운동기(0-2세)를 거쳐 전조작기(3-7세)에 이르게 되는데, 언어습득은 바로 이 기간에 이루어지

게 됩니다. 아이가 손가락을 빠는 행위와 같이 신체 감각을 익히는 시기가 감각운동기이고, 전조작기는 다양한 언어활동과 신체활동을 경험하지만 아직 판단이 미숙한 시기입니다. 전조작기는 타자에 대한 이해가 부족한 자아 중심적 시기이기도 해서, 이 시기의 아이들은 대명사 '나'나 영어 'I'를 쓰기보다는 자신의 이름을 더 자주 사용하는 언어적 특성을 보이기도 합니다. 예를 들면 어른은 "내가 이겼어."라고 말할 것을 이 시기의 아이들은 "철수가 이겼어."와 같이 말합니다. 이런 점이야말로 언어학과 발달심리학 혹은 아동발달학이 만나는 지점이라고 할 수 있습니다.

글씨를 거꾸로 쓰거나, 문장의 인지능력에 비해 산출능력이 뒤떨어지는 차이 등은 모두 아이의 성숙과 관련이 있습니다. 그러니까 언어능력이 있다 해도 그것을 구현할 신체적 성숙이 이루어지지 않으면 구현되는 언어수행 결과는 다르게 나타날 것입니다. 발달심리학의 연구 결과는 이런 점에서 언어학 연구에 도움을 줄 수 있습니다. 또 반대로 언어학적 연구 결과가 인간의 발달 과정을 연구하는 발달심리학에 도움을 줄 수 있습니다.

인지발달이론에 따르면 아이의 인지능력 발달과 언어 발달은 동시에 이루어진다.
©Mehregan Javanmard

언어학과 발달심리학이 다른 점은 후자가 언어뿐 아니라 그림이나 음악을 통해서 아이의 발달 과정을 연구하기도 한다는 것입니다. 즉 아이의 발달 과정을 엿볼 수 있는 가능한 모든 방법을 통해 그 과정을 연구하는 데 비해, 언어학은 아이의 언어습득 현상만을 연구한다는 점입니다. 그러나 두 가지 학문 분야는 언어의 발달이라는 공통의 연구 목표를 가지고 있다는 점에서 상호 보완적입니다.

6장 언어가 문화를 반영한다?

에드워드 사피어(Edward Sapir, 1884년~1939년)
벤자민 워프(Benjamin Whorf, 1897년~1941년)

흔히들 무지개의 색을 일곱 가지라고 하잖아.

하지만 사실 무지개는 빛이 연속적으로 이어져 있는 것이기 때문에

정확하게 일곱 가지 띠로 구분되어 있지는 않아. 다만 무지개의 색상에 얼추 대응하는 색채 어휘가 우연히도 일곱 개이기 때문에 그렇게 표현하게 된 것이지.

하지만 서로 다른 언어를 사용하는 아프리카의 원주민들에게 무지개의 색이 몇 가지냐고 물어보면

다 다른 대답이 나온다고 해.
척

한마디로 모국어가 그어 놓은 선에 따라 자연세계가 판단된다는 거야.
그런 색은 우리 말에 없어!
뭔 소리야? 8개지!
아냐, 6개라고!

이러한 사피어·워프 가설은 우리 주변에서도 쉽게 볼 수 있어. 다음 이야기를 잘 들어 봐.

어느 소년이 자동차에 치어 병원에 가게 되었는데,

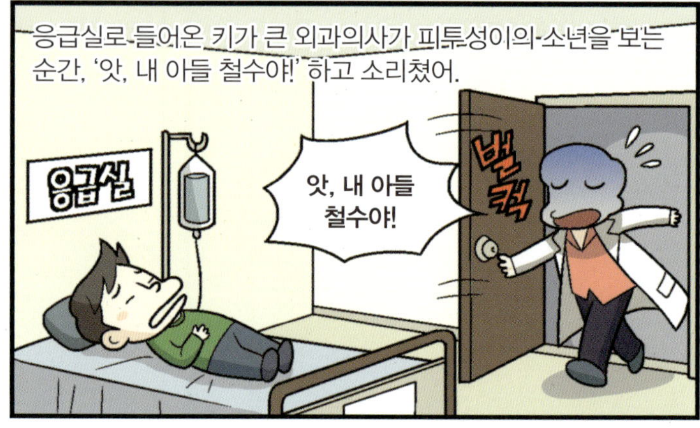

응급실로 들어온 키가 큰 외과의사가 피투성이의 소년을 보는 순간, '앗, 내 아들 철수야!' 하고 소리쳤어.
응급실
앗, 내 아들 철수야!
벌컥

이 이야기에서 의사와 소년은 어떤 관계일까?
응급실

많은 사람들이 의사가 철수의 새아빠라든가, 혈연적 아버지라고 생각할 거야.
안녕.
내가 네 아빠란다.

철수의 어머니라고 대답하는 사람은 극히 드물겠지. 왜 그럴까?
둥

알게 모르게 '의사'라고 하면 남자 의사를 떠올리고,

'변호사'라고 하면 남자 변호사를 생각하게 돼.

그래서 여자 의사를 말할 때는 특별히 여의사라고 하고,

여자 작가를 여류작가로, 여자 화가를 여류화가라고 하는 거야.

영어에서도 마찬가지로 'man'은 일반적으로 남자로 사용되고
MAN

'man'이 아닌 부류를 특히 'woman'이라 하지.
WOMAN

여권 운동가들은 한때 문학작품이나 성경 등에서
성경
여성인권

남성 대명사 'he(그)'를 사용할 경우
he

반드시 'he or she(그 또는 그녀)'로 표기하도록 주장하기도 했어.
he   she

그 결과 'man'이 들어가던 단어는 'man' 대신 'person'이 사용되면서,
man
person

상당한 수의 영어 어휘들이 새로 만들어지거나 바뀌었지.
chairman → chairperson (의장)
freshman → freshperson (신입생)
mailman → mailperson (집배원)
spokesman → spokesperson (대변인)

언어가 우리의 세계관을 지배하는 것은 물론,
언어

우리의 세계관을 나타낸다는 것은 무척이나 오래된 생각이야.

Professor Kuno

'프로페서 구노'라 부를 때와 그냥 '스스무'라고 부를 때 어떤 느낌이 들까?
프로페서 구노!
스스무!

난 엄청난 차이를 느껴.
교수님 같은 느낌?
난 친구 같은 느낌?

같은 사람인데도 쓰는 말에 따라
김교수님!
미스터 김!

얼마나 많은 영향을 받는지 아마 짐작할 수 있을 거야.

일본계 미국인인 구노 교수의 경우는 아마도 외모 때문에 더더욱 이름을 부르기가 어려웠을지 몰라.
동양인

또 다른 지도교수인 샘 엡스틴 교수님은 순수 미국인이었는데,

처음부터 '샘'이라고 불렀거든.
샘

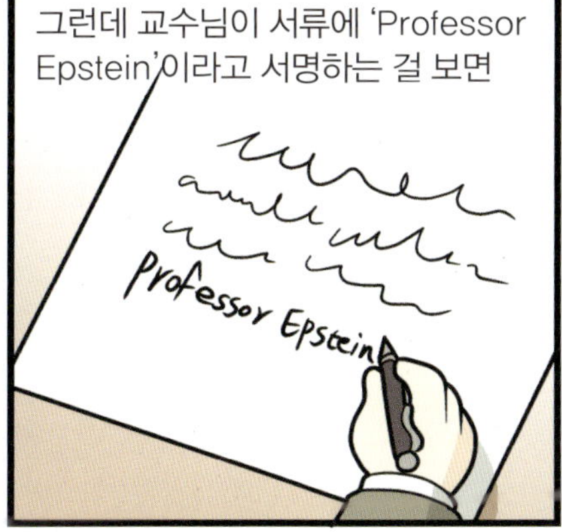

그런데 교수님이 서류에 'Professor Epstein'이라고 서명하는 걸 보면
Professor Epstein

순간적으로 깨닫게 되지.
아차, 샘은 교수님 이지.

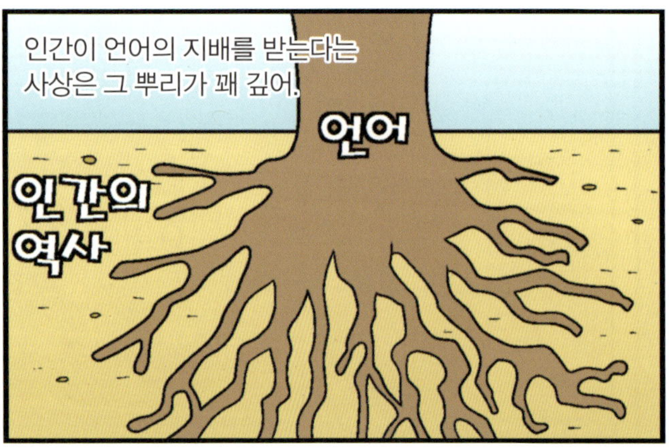

칼 빌헬름 훔볼트(Karl Wilhelm Von Humboldt, 1767년~1835년)

언어는 한편으로 그 언어를 사용하는 문화를 반영하기도 해.

특히 우리말처럼 연장자에 대해 세분화된 호칭이 있는 문화에서는
할아버지, 인사드리옵니다.
어르신, 안녕하신지요?

늘 언어의 영향을 받지.
유교의 영향을 받은 한국사회에서는
웃어른에 대한 호칭이 중요하느니라.
어헴

상대방이 나에게 반말을 하는지, 존댓말을 하는지에 따라
같이 가세요!
같이 가!

상대방이 나를 생각하는 방식에 대해 추측할 수 있어.
초면에 반말이야. 건방지게.

가족관계를 나타내는 어휘들을 살펴볼까?

우리말에서는 당사자가 나이가 더 많은지 적은지,

남자인지 여자인지에 따라 매우 복잡해.
남자
여자

같은 사람이 어떨 때는 오빠나 형이 되고,
오빠
형

누나가 되거나 언니가 되기도 하지.
누나
언니

반대로 성이 무시되기도 해. 예를 들어 '동생'이란 말은 어떤 성도 나타내지 않아.
남자도 쓸 수 있고,
여자도 쓸 수 있는 호칭이지.

나를 중심으로 보면 나보다 나이가 많은 경우에는
연장자

형, 오빠, 누나, 언니 등 네 가지 호칭으로 구분되지?
형 → 오빠
누나 → 언니

기준이 되는 내가 남자라면 나의 연장자는 형이나 누나가,
형
남자
누나

내가 여자라면 오빠, 언니가 되겠지.
오빠
여자
언니

그런데 재미있게도 나이가 적으면 무조건 동생이야.
동생

기준이 되는 내가 남자든 여자든 신경 쓸 필요가 없어.
나
관계없음

남동생, 여동생은 '동생'에 '남-' '여-'를 덧붙인 것일 뿐이니까
와아-
어쨌거나 우리는 동생!

고유한 구별이라고 볼 수 없지.

그렇다면 왜 하필 나이가 더 많은 경우에만 네 가지로 호칭이 구분되고,

나이가 더 어릴 경우에는 호칭이 한 개밖에 없을까?

그것은 우리 사회와 문화가 위계질서를 무엇보다도 중요하게 여겼기 때문일 거야.

아랫사람에 대해서보다는 윗사람에 대한 구별의 필요성이 훨씬 강했겠지?

다른 나라의 경우를 볼까?

예를 들어 영어를 사용하는 나라에서는

나이의 많고 적음이 그다지 의미 있지 않아.

따라서 가족관계를 나타내는 어휘 역시 나이의 많고 적음에 따라 세분하지 않고

필요한 경우에는 형용사를 붙여서 구별하지.

'brother'나 'sister'라는 말로는 나이가 많은지 적은지를 알 수 없고,
브라더!
형제 같은데……
누가 동생인 거지?

나이가 많든 적든 남자 형제는 'brother', 여자 형제는 'sister'로 통칭하지.
brother
sister

또 헝가리어에서는 가족관계를 나타내는 어휘가

중국어와 마찬가지로 나이의 많고 적음과 성에 따라 네 가지로 구분돼.
형 또는 오빠!
누나 또는 언니!

재미있는 건 태국어에서도 형제자매를 둘로 구분하는데,
너희들은 서로 부를 때 딱 두 가지로만 불러!

이때 구분의 기준은 영어에서처럼 성이 아니라 나이의 많고 적음이야.
그 기준은 무조건 나이다. 알겠지?

태국어에서는 나이가 많으면 'phii'이고,
Phii!
연장자
나이

나이가 적으면 'nawng'으로 부르거든.
Nawng!
나이
동생

한국어	헝가리어	영어	태국어	말레이어
형	bátya	brother	phii	sudara
오빠				
누나	néne	sister		
언니				
동생	öcs	brother	nawng	
	hug	sister		

그것을 터득하기 전에 부모나 주변 사람들로부터
까르르

형, 오빠, 누나, 언니, 동생 등과 같은 어휘들을
배우면서 자라겠지.
형
삼촌
이모
할아버지
할머니
동생
누나

어떻게 보면 이 어린아이는 말을 먼저 배우고,
엄마라고
해 봐.
아빠
엄마
형
나
동생
엄마

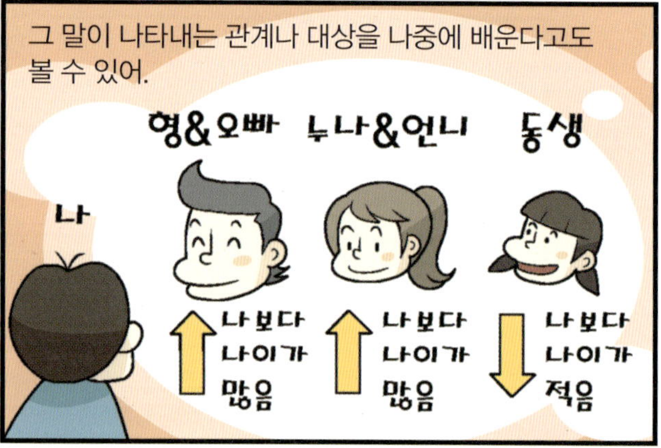
그 말이 나타내는 관계나 대상을 나중에 배운다고도
볼 수 있어.
형&오빠
누나&언니
동생
나
나보다
나이가
많음
나보다
나이가
많음
나보다
나이가
적음

말이 없다면 비슷한 또래의 형과 삼촌이 이 아이에게 무슨 차이가 있겠어?
둘 다 형
같은데……
어린 삼촌
큰 형

형과 삼촌이란 이름을 들으면서
둘 사이를 구별해 가겠지.
난 친형
난 친척

이처럼 언어는 그 사회와
문화를 반영해.

한 언어권 내에서도 세대와 집단의
특성에 따라
사용하는 언어에서
차이가 발견되지.

예를 들어 요즘 우리나라 청소년들과 어른들 사이에는

서로 다른 언어를 사용하는 게 아닌가 싶을 정도로 극심한 차이가 나타나고 있어.
겜 하다 멘붕 왔삼.
만렙인데 레알?

청소년이 우리말을 망치고 있는 걸까?
우헤헤헤
탱
우리말

인터넷이 언어를 망치는 주범일까?
NAVER

이러한 염려는 한마디로 기우에 불과해.
최소한 언어학적으로는 말이지.

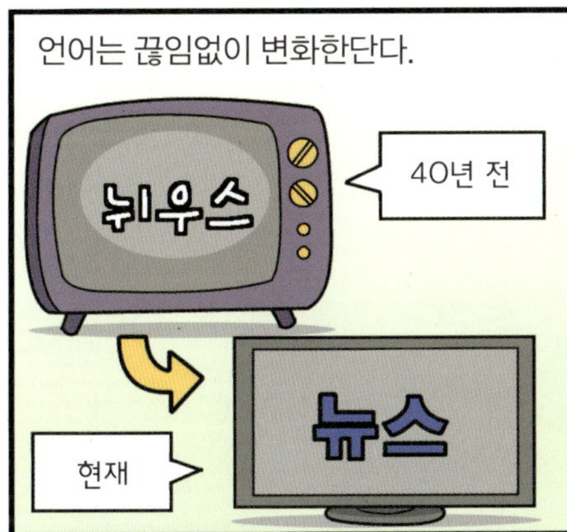

언어는 끊임없이 변화한단다.
40년 전
뉴우스
현재
뉴스

그 변화 요인이 무엇이든 간에 최후의 승자는 바로 해당 언어를 사용하는 언중(言衆)이 선택한 언어야.

지금의 서울말과 조선시대의 한성말 역시 많이 달라.
응?

의문문의 문장어미 '-니?'를 사용하지도 않았고,
넌 어디서 왔니?

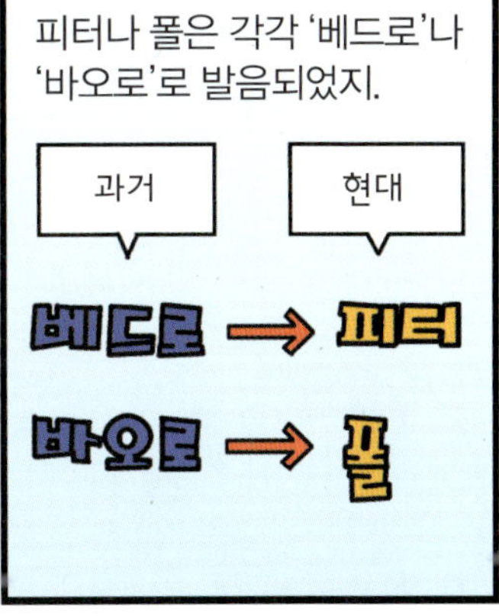

피터나 폴은 각각 '베드로'나 '바오로'로 발음되었지.
과거
현대
베드로 → 피터
바오로 → 폴

첫 번째 생일을 의미하는 '돌'만 해도 전에는 '돐'로 표기했는데, 요즘은 '돌'로 굳어졌잖아?
우리아기돌잔치

우리가 알고 있는 화가 이중섭은 자신의 그림에 '이둥섭'이라고 서명했어.
이둥섭

그러니 '닭'을 '닥'이라고 쓰든 '닦'이라고 쓰든 그렇게 심각한 문제는 아닐지 몰라.
닥이든 닦이든 사는데 큰 지장은 없지~

또 통신 언어의 발달로
탁 탁 탁

한글 대신 간편한 아라비아 숫자를 이용하여 속도를 빠르게 하려는 경향도 일반화됐지.
20000 (이만)
10002 (많이)
감4 (감사)
드러50쇼 (들어오십시오)
밥5 (바보)
하2 (하이)
10C미 (열심히)
Any1 wanna chat?
(Anyone want to chat?)
How R U?
(How are you?)

간편하고 빠른 표기를 목표로 하는 사이버 언어는
나: ㅇㅋ!
친구: ㅋㅋㅋ
오케이
ㅋㅋㅋ

이제는 자신의 개성이나 정체성을 드러내는 수단으로 이용되고 있어.

이런 표현들이 가능해진 것은 컴퓨터 덕분이야.

필요한 문자를 손쉽게 쓸 수 있는 매체가 다양한 표기를 가능하게 해 주고, 상상력을 발휘할 공간을 제공해 준 셈이지.
COMIC ARTIST
twitter
NAVER
cafe story

이런 사이버 언어는 기성세대에게는 읽고 쓰기 불편하지만
킥킥
?
대체 무슨 소리야?

개성을 중요시하고 색다른 표현법을 추구하는 젊은 세대에게는 유용하지.
크 큭
하하~ OTL이다!

좀 더 간편하고 짧은 것을 선호하는 문화는 우리 삶을 지배하는 '경제성'에 기인하는 현상일지도 몰라.

청소년이 그들만의 언어를 사용하는 것 또한 자연스런 현상이야.
우르르

세대 간의 대화의 어려움은 최근 불거진 것도 인터넷이 가져온 특이 현상도 아니라

어느 시대든 언어가 겪는 일반적 변화의 한 양상일 뿐이란다.

철학을 지배한 언어

'철학이란 무엇인가?'라는 질문처럼 난처한 질문도 드물 것입니다. 철학은 그야 말로 모든 학문을 다 포괄할 수도 있고, 어떠한 학문과도 다르기 때문입니다. 철학은 학문에 대한 학문이라고도 할 수 있는데, 철학은 모든 학문의 바탕이자 모든 학문에 대한 학문입니다.

고대 그리스에서는 철학이란 학문 그 자체를 의미했습니다. 전통적으로는 세계와 인간, 그리고 사물과 현상의 가치와 궁극적 의미가 무엇인가를 연구하는 학문을 철학이라 불렀습니다. 철학이란 영어 단어 '필로소피(philosophy)'가 지혜를 뜻하는 그리스어 '소피아'와 사랑을 뜻하는 그리스어 '필로'의 결합이니까 철학이란 간단히 '지혜에 대한 사랑'이라고 할 수도 있습니다. 철학은 여러 학문들 중 윤리학, 정치학, 심리학, 역사학, 사회학 등과 밀접한 관련이 있고, 특히 언어학과는 불가분의 관계가 있지요. 언어학사를 살펴보면 종종 저명한 철학자의 이름이 언급되기도 하고, 또 반대로 철학 서적을 읽다보면 언어학자의 이름이 언급되기도 합니다.

철학자들은 왜 언어에 관심을 가질까요? 철학이 지혜와 지식에 대한 사랑이라면 지식, 즉 앎은 언어를 통해 표현되고 습득되기 때문입니다. 금세기의 가장 유명한 철학자 중 한 사람인 하버드 대학교의 콰인 교수는 인간이 어떻게 의미를 파악하는가를 알아내기 위해 다음과 같은 실험을 했습니다. 길거리의 전광판에 토끼와 비슷하게 생긴 동물의 그림을 보여주고, 지나가는 사람에게 갑자기 "가바가이!"라고 말한 후, 그 말이 무슨 뜻이냐고 묻는 것입니다. 그러면 지나가던 사람은 "저기를 봐라.", "토끼다.", 혹은 "조심해." 등과 같이 아주 다양한 대답을 하는 것이었습니다. '가바가이'라는 무의미한, 자신이 모르는 새로운 어휘를 들었을 때 인간은 그것의 의미를 어떻게 인식하는가를 연구한 것이지요. 우리 인간은 누구나 이러한 상황을 겪게 됩니다. 이 세상에 처음 태어난 갓난아이는 엄마나 주변 사람으로부

터 의미를 알 수 없는 수많은 어휘들을 들으며, 그것들의 의미를 혼자 파악해야 하는 상황에 놓이게 되고, 불과 2~3년이라는 짧은 기간에 특정 언어를 완벽하게 습득하게 됩니다.

언어학자가 인간의 언어습득 현상에 관심을 가지듯이, 철학자는 언어를 통한 인간의 의미습득 현상에 관심을 가집니다. 언어학자 촘스키와 철학자 콰인이 언어습득 문제를 두고 논쟁을 벌이는 것은 아주 자연스런 일이지요.

또 앞에서 살펴본 것처럼, 언어와 사고의 관계 역시 매우 중요한 철학적 연구 주제입니다. 과연 언어가 사고를 결정하는 것인지, 아니면 언어와 사고는 아무런 관련이 없는 것인지를 밝혀내는 것은 언어학에서도 중요한 연구주제입니다. 사피어 워프의 언어결정론은 언어가 인간의 사고를 결정한다는 것이었지요. 언어가 우리의 사고와 세계관을 지배한다면 우리는 특정한 사회의 언어구조를 살펴봄으로써 그 사회의 사고방식, 세계관을 파악할 수 있을 것입니다. 물론 최근에는 강력한 언어결정론을 지지하는 학자는 거의 없지만, 적어도 언어가 사고에 영향을 준다는 주장에는 동의하는 것 같습니다.

1975년 콰인 교수의 사진.

7장 우수한 언어,
열등한 언어가 있을까?
훈민정음
만화

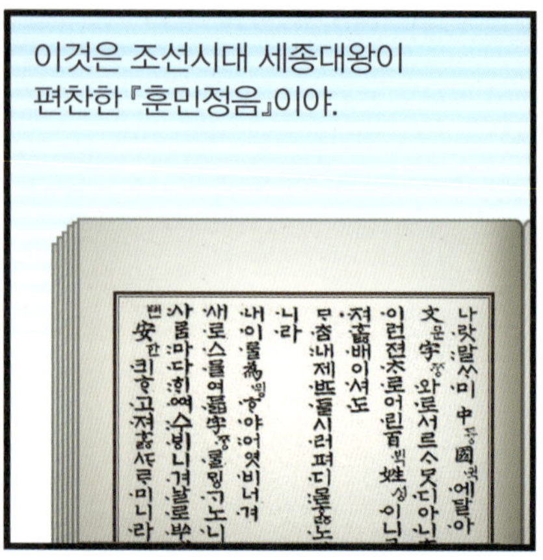

이것은 조선시대 세종대왕이
편찬한 『훈민정음』이야.

훈민정음은 우리말의 소리를
글자로 적을 수 있는 문자이자
아아
아

그 문자를 해설한 책의
이름이기도 해.
訓民正音

오늘날 전 세계에 존재하는 7,000여 개의 언어 중에서 문자를 가진
언어는 200여 개도 되지 않아.
7000개
언어
200여 개
(약 3%).

한글이 왜 소중한지
느껴지니?

재러드 다이아몬드(Jared Mason Diamond, 1937년~)

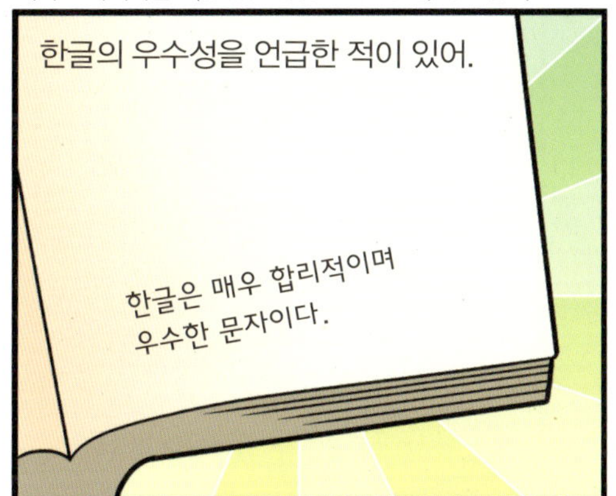

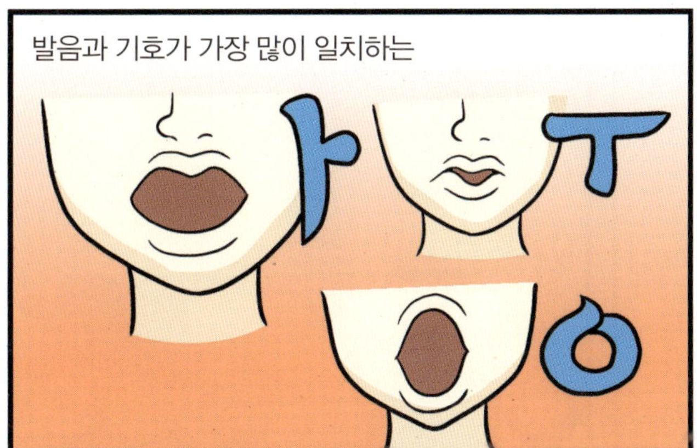

뿐만 아니라 다른 많은 문자들은 누가, 언제 만들었는지 불분명한데,
일본어
프랑스어
영어
누가 만들었지? 언제부터 쓰기 시작한 거야?

한글은 세종대왕이라는 창제자가 확실할 뿐 아니라
훈민정음을 반포하노라.

기념일을 정해 매년 '한글날'을 기념하는 세계 유일의 문자야.
쫙
10월 9일 한글날

그런데 자랑스러운 것은 자랑스러운 것이고,
학문적으로 논할 것은 논하는 것이 바람직한 자세겠지?

일단 문자는 언어를 표기하는 수단이야.

우리는 세종대왕이 1443년 훈민정음을 창제하기 전까지는
규장각

중국의 문자를 빌려 썼어.
漢字
우리의 글을 만들어야 해……

하지만 중국의 문자와 조선어의 발음이 서로 맞지 않자,
一 이 → 일
二 얼 → 이
三 싼 → 삼
四 쓰 → 사
헷갈려~!

세종대왕이 이렇게 말씀하시고 한글을 창제하셨지.

나랏말ᄊᆞ미 中듕國귁에달아 文문字ᄍᆞᆼ와로 서르 ᄉᆞᄆᆞᆺ디 아니ᄒᆞᆯᄊᆡ 이런 젼ᄎᆞ로 어린 百ᄇᆡᆨ姓ᄉᆞᆼ이 니르고져 호ᇙ배이셔도 ᄆᆞᄎᆞᆷ내 제ᄠᅳ들 시러 펴디 몯ᄒᆞᇙ노미 하니라 내이ᄅᆞᆯ爲윙ᄒᆞ야 어엿비너겨 새로 스믈여듧字ᄍᆞᆼᄅᆞᆯ ᄆᆡᆼᄀᆞ노니 사ᄅᆞᆷ마다 ᄒᆡ여 수ᄫᅵ 니겨 날로 ᄡᅮ메 便뼌安ᄒᆞᆫ킈 ᄒᆞ고져 ᄒᆞᇙᄯᆞᄅᆞ미니라
나라의 말이 중국과 달라 문자로 서로 통하지 않으므로 이런 까닭에 어리석은 백성들이 말하고 싶은 것이 있어도 그 뜻을 실이 펴지 못하는 사람이 많으니라……
여기에서 중요한 점은 한글과 한국어를 구분해야 한다는 거야.

한국어는 3만 년 전 혹은 그 이전부터 한반도에 살아온 우리 조상들로부터 지금까지 전해 내려오면서

우리가 사용하는 언어, 즉 말소리이고,
니 내 고등어 묵었재?
안 무따! 내가 와 묵겠노?

한글은 1443년에 세종대왕이 창제한, 글로 적을 수 있는 문자를 말해.

한국어는 우리가 쓰는 언어이고, 한글은 한국어를 적는 글자인데도 불구하고,

어떤 사람은 '우수한 한글'이라고 말하다가
한글
최고의 문자야!
찬양~

또 '우수한 한국어'라고도 하지.
오빤 강남스타일
오우~, 베리 굿 한국어!

우수한 한국어, 우수한 한글.
이 두 가지가 우수하다는 것에
대해 논의하기 전에
잠깐!

다음의 두 가지 주장에 대해
냉철하게 생각해 볼 필요가 있어.

첫 번째로,
과연 언어가 우수할 수
있는가?
음~

'우수'라는 말은 정해진 기준이
있고,
언어
하위 평균 우수

그 기준에 따라 비교 대상이 있어야
사용할 수 있지.
영어

그럼 한 언어가 다른 언어보다
우수하기 위한 기준이 있을까?

어떤 사람들은 우리말에 다양한 형용사들이 있어서 우수하다고 해.
반짝반짝
깜찍한
귀여운
발랄한
상큼한
어여쁜

그렇다면 눈(snow)을 나타내는 다양한 어휘가 있는 에스키모어가
우린 눈에 대한 단어가
200개 있지!
뭐!

우리말보다 우수한 걸까?
한글에는
몇 개나 있남?

모래를 나타내는 다양한 어휘가 있는 사막의 베르베르어가 영어보다 우수한 걸까?
모래 단어만 수십 개!
영어

각 언어마다 어휘의 총 개수는 많기도 하고 적기도 해.
어휘
중국어
일본어

어떤 사람들은 어휘가 많으면 그 언어가 훌륭하다고 생각하는 경향이 있어.
많을수록 좋은 거 아닌가?!
논문

다양한 사고를 할 수 있다는 논리로 말이야.
표현력도 풍부하고!
보는 관점도 넓어지고!

예를 들면 우리말에는 쌀을 의미하는 어휘가 다양해.

그 상태에 따라 쌀, 벼, 밥, 뉘, 도, 쌀밥 등으로 표현되지만
쌀
벼
밥
쌀밥

영어로는 단 한 단어 'rice'뿐이야.
rice
쌀

쌀밥은 'rice', 논에 있는 벼도 'rice', 벼를 심은 논은 'rice field'야.
rice
rice
rice field
쌀밥
벼
논

이런 어휘 개수의 차이는 영어 문화권에서는 쌀로 만든 음식이 중요한 식품이 아니지만

우리 민족에게는 주식이기 때문에 나타나는 현상이야.

반대의 경우를 들어 볼까?
에스키모어에는 눈(雪)을 지칭하는 단어가 최대 200여 개나 된다고 하지만
우리는 무려 200개나 되지!

우리말에는 서너 개 밖에 없고,
음, 눈이랑……
진눈깨비랑 또……
뭐가 있지?

아랍어에는 말(馬)을 나타내는 말이 다양하지만 우리말에는 그렇지 않아.
우린 많은 종류의 말 어휘가 있어!
우, 우린 조랑말……

예를 들어 에스키모어로 땅 위에 있는 눈은 'aput',
aput

내리는 눈은 'qana', 휘날리고 있는 눈은 'piqsirpoq',
qana
piqsirpoq

눈더미는 'qimuqsuq'라고 부른대.
qimuqsuq

또 영어에는 다양한 고유 어휘가 있는데
우리말에는 파생어가 있는 경우가 있어.

우리말의 '손가락', '발가락'은

'숟가락', '젓가락', '국수가락', '엿가락'에 붙는 '가락'처럼 길게 늘어진 것을 지칭하는 말이 붙은 말이야.
엿
쭈-욱

손에 붙어 있으면 손가락이고,

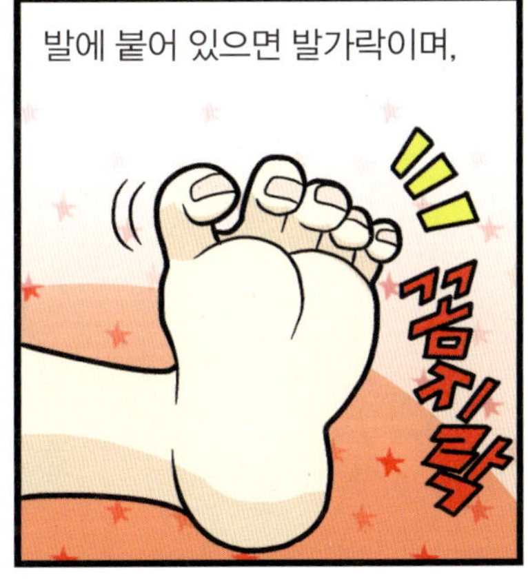

발에 붙어 있으면 발가락이며,
꼼지락

밥 먹는 데 쓰는 건 숟가락이지.
푸욱

하지만 영어는 이들을 모두 독립된 개체로 인식해서
우린 다 따로야!
영어

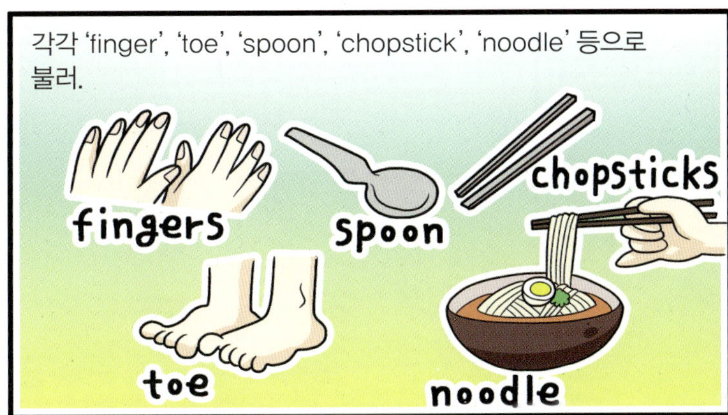

각각 'finger', 'toe', 'spoon', 'chopstick', 'noodle' 등으로 불러.
fingers
spoon
chopsticks
toe
noodle

한국어
미국어
손가락, 발가락, 숟가락 등등
fingers, toe, spoon 등등
어때, 비슷한 점이라고는 하나도 없지?

단순히 어떤 분야의 어휘가 많다고 해서
에스키모어
한국어
아랍어

그 언어가 다른 언어보다 우수하다고 할 수는 없어.
한국어
아랍어

모든 언어는 사용자의 필요성에 맞게 발달하고,
추운 지역
더운 지역
보통 지역

그 사용자들의 표현 욕구를 충족시킬 만큼의 충분한 어휘를 가지고 있게 마련이거든.
우리는 눈 오는 지역이라 눈 어휘가 많아.
우리는 모래가 많아서 모래 어휘가 많지.
주식이 쌀이라 쌀에 관한 단어가 많다구!

프랑스의 대통령이었던 미테랑은
프랑스 만세!

프랑스어가 얼마나 훌륭한가를 주장하면서 다음과 같이 말했어.
프랑스어에 대해서 말하자면, 명료함, 우아함, 섬세함, 시제와 어법의 풍부함, 음성의 감미로움, 어순의 논리성 등이 훌륭하여,

너무나 자주 되풀이되는 찬사의 말에 새로이 덧붙일 말을 찾기란 쉽지 않다.
와야

이러한 프랑스 대통령의 주장을 객관적으로 인정할 수 있을까?

반면 독일어는 거칠고, 이탈리아어는 감미롭고, 프랑스어는
느끼하다는 주장에 모두가 동의할까?
슈툼프!
아모레~!
봉주르 마담~!
독일어
이탈리아어
프랑스어

아니지!

언어 자체가 그런 성향을 가진 것이 아니라 언어를
사용하는 사람들에 대한 이미지를 언어에 덧씌우는 경우가
많기 때문에 이런 말이 나오는 거야.
아가씨, 나랑 한 잔 뜨와~.
프랑스어
프랑스 녀석, 느끼한 멘트를 뻔뻔하게…….

어떤 언어가 우수한가에
대해서는 아주 오래전부터
논쟁이 있었어.
우리 언어가 최고야!
와글
놀고 있네! 우리가 최고다!
무슨 소리! 우리 언어가 최고지!
와글
프랑스어
아랍어
일본어
최고!
스페인어
이탈리아어
중국어
독일어
최고!

옛날 그리스 사람들은 자기네 언어가 가장 우수한
언어라고 주장했어.
문화의 저변만 봐도 당연히 그리스어지!
음하하하

고대 아테네와 스파르타에서는 그리스어만이 유용한
대화의 도구라고 여겨졌지.
오직 그리스어뿐이다~!
스파르타!

그래서 그리스 사람들은 그리스어는 언어이고, 나머지 외국 사람들이 사용하는 언어는 야만인들의 말,
너희들은 야만인의 말을 쓰는구나!

즉 '바르바로스(Barbaros)'의 말이라고 부르기도 했어.
바르바로스

세계를 지배한 로마인들도
쿵
로마
쿵

자기들의 언어인 라틴어가 아주 논리적인 구조를 갖고 있어서 철학이나 문학적인 글을 쓰기에 적합한 언어라고 주장하며

라틴어의 우수성을 증명하려고 했지.
어떤 사람들은 로마제국이 멸망한 후까지도 이런 주장을 계속했어.
그, 그래도 라틴어가 우수해!
로마제국

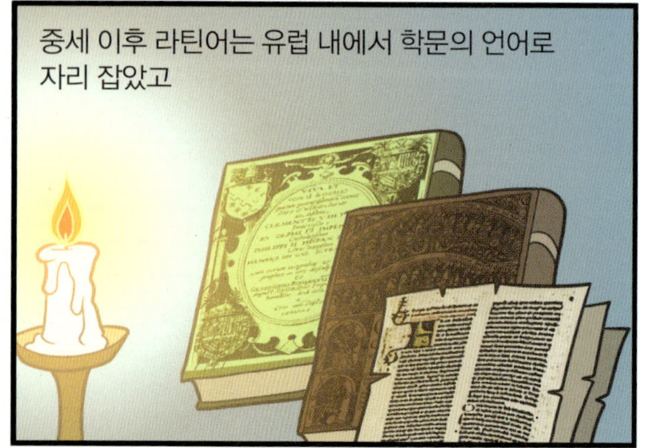

중세 이후 라틴어는 유럽 내에서 학문의 언어로 자리 잡았고

오랫동안 가톨릭교회는 종교를 전파하기 위한 수단으로 주로 라틴어를 사용했지.
도미네데우스~~.

하지만 '우수한 세계 언어'로서의 라틴어라는 인식은 더 이상 오래가지 못했어.
아이고~ 힘들다~.
헉
라틴어

게다가 이 언어를 모국어로 사용하는 사람도 없어져 버렸지.
다들 어디로 사라졌지?
휑

또한 중세시대에는 많은 사람들이 이스라엘의 언어인 히브리어가 가장 훌륭한 언어라고 생각했어.

하나님이 선택하신 이스라엘 민족의 언어였기 때문이야.
너희들은 선택된 민족이다~!

그러자 많은 언어학자들이 자신들의 언어가
잠깐!

히브리어와 비슷하다는 주장을 펴는 웃지 못할 일이 벌어지기도 했지.
뭐야!
우리도 비슷해!
우리도!
중국어도!
라틴어도!

성스러운 민족인 이스라엘 사람들의 언어와 비슷한 언어야말로
우리는 성스러운 민족!

다른 언어보다 훌륭할 것이라고 생각했던 거야.

피히테(Johann Gottlieb Fichte, 1762년~1814년)

모국어에 대한 과장된 찬사는 이들 나라에만 있었던 일은 아니야.
영국인 토머스 바빙턴 메콜리는 이런 주장도 했어.
식민지인 인도에서 인도어를 사용하지 못하도록 해야 합니다!

영어가 인도어보다 훨씬 더 우수하다는 이유 때문이었지.
흥!
영어
인도어

영어가 정복자 나라의 언어이기 때문이 아니라 그 자체로 가장 훌륭하기 때문에
우리 영어는 아름다운 언어다!

셰익스피어와 같은 위대한 문필가가 배출될 수 있었다고 주장하면서 말이야.

하지만 언어학자들이 19세기 후반 객관적인 방법으로 언어를 연구하기 시작한 후로
ABCDEF

그들은 곧 우수 언어를 가려내는 일을 중단했어.
관두자~~.
음..

더 높은 수준이나 더 낮은 수준의 언어가 있다는 생각이 아무런 의미가 없다는 것을 깨달았거든.

영어의 알파벳과 함께 상형문자나 음절문자 다음에 나타나는 문자의 발달단계에서 가장 발전된 형태야.

상형문자	표의문자	음절문자	표음문자
		ガ ga ギ gi グ gu ゲ ge ゴ go ザ za ジ ji ズ zu ゼ ze ゾ zo ダ da ヂ ji ヅ zu デ de ド do バ ba ビ bi ブ bu ベ be ボ bo パ pa ピ pi プ pu ペ pe ポ po	●Consonants: ㄱ ㄴ ㄷ ㄹ ㅁ ㅂ ㅅ ㅇ ㅈ kiyok niun tikat riul mium piup siot iung chiot ㅊ ㅋ ㅌ ㅍ ㅎ ch'iut k'iuk t'iot p'iup hiut ●Vowels: ㅏ ㅑ ㅓ ㅕ ㅗ ㅛ ㅜ ㅠ ㅡ ㅣ a ya eo yeo o yo u yu eu i

예를 들어 일본어 문자와 같은 음절문자는 소리를 내는 최소 단위인 음절 자체를 각각 표시하기 때문에

일본어	발음	아	카	가	사	자	타	다
히라가나	ㅏ	あ	か	が	さ	ざ	た	だ
가타가나	ㅏ	ア	カ	ガ	サ	ザ	タ	ダ

반면 표음문자인 한글은 그 자체로는 의미가 없이

특정한 소리를 나타내는 자음과 모음이 결합되어 소리를 낸다는 점에서

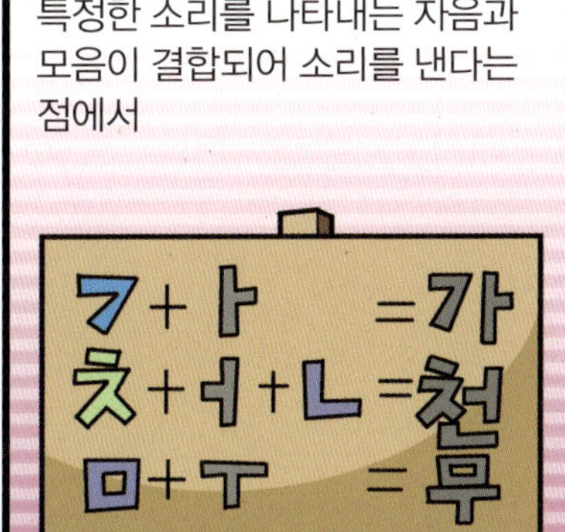

가령 영어의 'McDonald'를 한국어와 일본어로 표기한다고 해 보자.

한국어는 'Mc[맥]'에 해당하는 발음을 표기하기 위해 'ㅁ, ㅐ, ㄱ'를 사용하면 되지만,

일본어 글자에는 [맥]에 해당하는 발음을 만들 수가 없기 때문에

대신에 [마, 쿠]에 해당하는 음절문자로 표기하지.

그렇지만 영어의 'coffee'를 한글로 표기하는 방법은 없어.
Coffee
'coffee'의 [f] 발음이 한국어에는 없기 때문이야. 다시 말해 한글이라도 세상의 모든 소리를 나타낼 수 있는 것은 아니야.
[f] = ?

한글의 특별한 장점 한 가지는 상대적으로 다른 문자들에 비해

모바일 기기에서 글씨를 쓰는 속도가 빠르다는 점이야.
와~, 손이 안 보여!
탁
탁
탁
탁
우와~

특히 중국어와 비교해 보면 한글의 효율성을 확실히 알 수 있지.
한국학생
중국학생
너흰 어때?

중국어에는 5만 자 이상의 글자가 있지만
中國語

컴퓨터 자판이나 휴대폰의 자판에는
느속

아무리 많아도 50개 이하의 키가 있을 뿐이지.

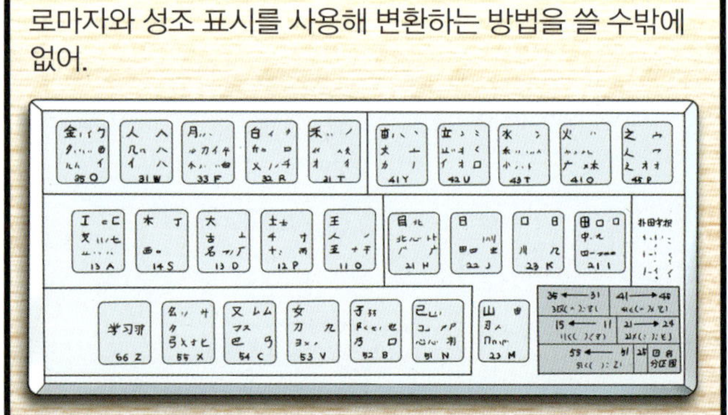
그래서 중국어를 입력할 때는 한자를 직접 쓰지 못하고, 로마자와 성조 표시를 사용해 변환하는 방법을 쓸 수밖에 없어.

이에 비해 24개의 문자만을 가진 한글이나 26개의 문자를 가진 영어 알파벳은

ㄱㄴㄷㄹㅁㅂㅅㅇㅊㅋㅌㅍㅎ ㅏ ㅑ ㅓ ㅕ ㅗ ㅛ ㅜ ㅠ ㅡ ㅣ

ABCDEFGHIJKLMNOPQRSTUVWXYZ

컴퓨터나 모바일에 입력이 매우 편리하고 효과적인 문자체계라 할 수 있지.

이런 경우를 제외하고는 이제 더 이상 누구도 특정한 표현 방법이 더 가치가 있다거나

다른 언어나 문자가 덜 우수하다는 식의 평가를 내리지 않아.

영국의 언어학자 데이비드 크리스털은

데이비드 크리스털(David Crystal, 1941년~)

오늘날의 일반적인 의견을 요약해서 담담하게 이렇게 말했어.

언어의 힘을 활용한 광고

반세기 전 어떤 사회학자는 현대사회를 광고의 시대, 소비의 시대라고 말한 적이 있습니다. 텔레비전을 틀어도, 신문을 펼쳐도, 거리를 걸어도 우리는 광고의 홍수로부터 벗어날 수가 없습니다. 버스 안에도, 지하철 안에도, 고속도로에도, 극장에도 온통 광고입니다. 라디오를 틀어도 마찬가지고, 관공서의 전광판조차도 광고를 내보내지요.

휴대폰에 이상봉 씨의 한글 디자인을 입혔다.

광고는 이미지와 언어로 구성되는데, 이미지를 사용할 수 없는 상황에서는 언어로만 이루어집니다. 이미지만으로 이루어지는 광고보다는 이미지와 언어의 결합으로 이루어진 광고가 더 많습니다. 길지도 않은 단 한 줄짜리 광고가 수백억 원의 매출 신장을 가져다주는 것을 보면 회사들이 광고에 많은 돈을 쏟아 붓고, 우리의 삶이 광고를 피해갈 수 없는 것을 이해할 수 있을 것 같습니다.

아주 짧은 광고 문안을 만드는 일을 '카피라이트(copy write)'라고 합니다. 효과적인 카피라이트는 사람들의 기억에 오래 남고, 주어진 제품의 판매 수익을 올리는 데 강력한 힘을 발휘하지요. 언어의 마술이라고 할까요? 광고회사에 언어학 전공자가 취직하는 이유도 바로 광고의 이러한 특성 때문입니다. 예전 광고 카피에는 이런 것들이 있었습니다. "부우~~자 되세요, 꼭이요!" 어떤 카드회사 광고였는데, 카드를 많이 사용하는 것이 어떻게 부자가 되는 길인지는 알 수 없지만, 하여튼 그 광고 카피는 당시 유행어가 되어 많은 사람들이 농담 삼아 인사말로 주고받을 정도가 되었습니다. 또 다른 광고는 '선영아 사랑해'란 단 여섯 글자짜리였습니다. 어떤 인터넷 사이트를 광고하는 것이었는데, 어느 날 아침 서울 시내 여러 곳에, 담벼

락에, 버스에 '선영아 사랑해'라는 여섯 글자가 새겨진 플래카드가 걸려있는 것이었
어요. 사람들의 궁금증을 자아내는 특별한 광고 기법이지요.

　광고는 언어의 힘을 활용하는 기술입니다. 한글의 아름다운 글꼴을 활용해 상
품에 디자인을 입히는 분도 있습니다. 문자를 직접 제품에 활용하는 것이니까, 광
고에서 한걸음 더 나아가서 언어 자체가 상품이 되었다고 할 수 있겠지요.

세계 3대 광고제 중 하나인 칸 국제광고제가 열리는 프랑스 남부 도시 칸.

이 그림들 중 어느 것이 문자이고 어느 것이 그림일까?
KEEP RIGHT
STOP
RIGHT TURN ONLY
YIELD
BIKE ROUTE

아마 사람이 그려진 것은 그림이라고 대답하는 사람들이 많을 것이고,
YIELD

'KEEP RIGHT', 'STOP'은 글자라고 대답하는 사람들이 많을 거야.
KEEP RIGHT
STOP

그럼 이 표시는 어때? 이건 글자일까, 그림일까?
RESTROOM

그림 아래쪽에 있는 글자만 없다면 틀림없이 그림이야.

그리고 세계의 많은 나라에서 거의 동일한 그림을 사용하지.

화장실 표시나 교통 표지판에 그림이 유독 많이 사용되는 데는 이유가 있어.
YIELD
STOP

글자는 작은 공간에도 쓸 수 있고 비교적 의미를 정확하게 전달해 줘.
소변 금지

이에 비해 그림은 민족과 문화에 상관없이 의미를 폭넓게 전달할 수 있는 반면

많은 공간을 차지하지.
그냥 '전쟁 반대' 네 글자면 되는데……

만약 글자가 없다면 어떨까?
세종역
공항버스
딩!

현대사회는 도저히 그 기능을 발휘할 수가 없을 거야.
빵
빵
빵

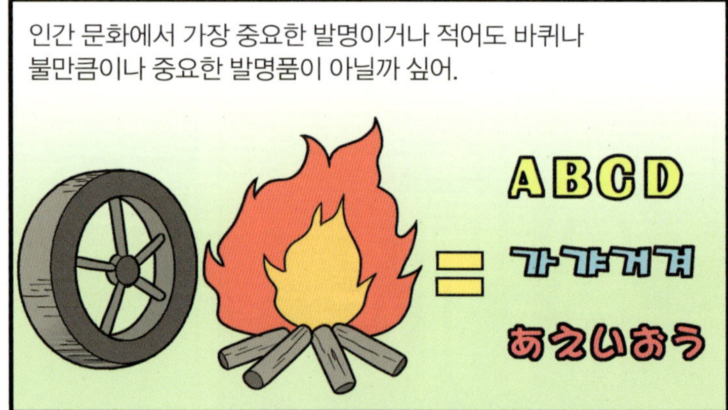

갈수기: 한 해 동안에 강물이 가장 적은 시기.

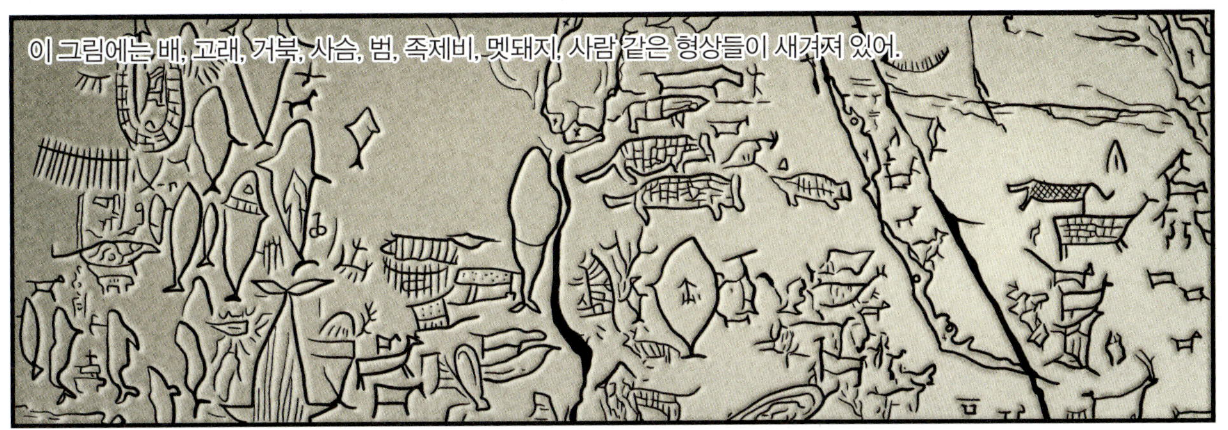

이 그림에는 배, 고래, 거북, 사슴, 범, 족제비, 멧돼지, 사람 같은 형상들이 새겨져 있어.

이건 단순한 미적 대상으로 만들어진 예술작품일까,
탕
탕

아니면 어떤 주술적 목적으로 새겨진 기록일까?
둥
둥

인류는 문자가 없던 시대에는 그림을 이용하여 기록을 남기곤 했어.

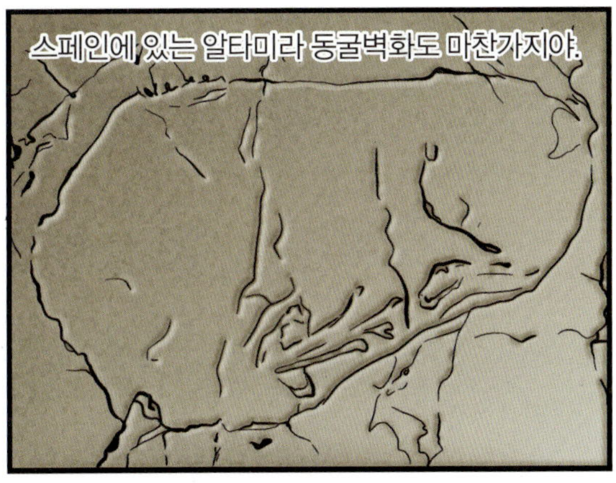

스페인에 있는 알타미라 동굴벽화도 마찬가지야.

이집트에서는 좀 더 추상적인 그림을 이용해 기록을 남겼어.
탕
탕

얼핏 보면 이것 역시 그림인지 글씨인지 분명하지 않아.

그런데 이집트 상형문자는 반구대 암각화나 알타미라 동굴벽화와 확연하게 구분돼.
이집트 상형문자
반구대 암각화

왜냐하면 이집트 상형문자는 그림이 추상적인 음가를 나타내기 때문이야.
L
Lion

이집트 상형문자는 약 5,400년 전 이집트의 나일 강에서 시작되었어.

사람들이 돌을 쪼아 기호를 새기거나 파피루스에 그림을 그려 넣었지.

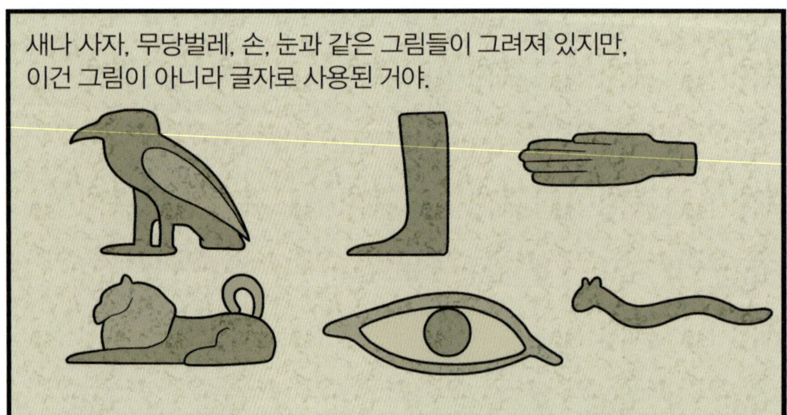
새나 사자, 무당벌레, 손, 눈과 같은 그림들이 그려져 있지만, 이건 그림이 아니라 글자로 사용된 거야.

이집트 사람들이 상형문자를 만들고,

그걸 페니키아 사람들이 수입해서 발전시키고,

그리스 로마 사람들이 수입하여 발전시켰어.
ABCD

그러니까 이집트 상형문자의 오랜 역사를 통해 영어 알파벳이 발전한 것이지.
A

이집트 상형문자가 그림이 아니라 문자로 인식된 것은

한 병사의 호기심과 노력이 있었기 때문이야.

1799년 프랑스의 병사들이 로제타라는 이집트 근처의 한 도시에서 큰 바위를 발견하게 되었어.

1미터도 넘는 큰 검은색 돌이 세 부분으로 나뉘어 있고,

각각에 세 가지의 서로 다른 문자로 무언가 빽빽이 기록돼 있었어.

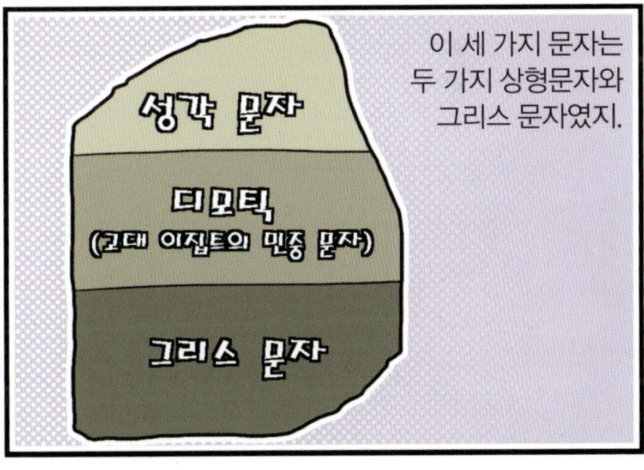

이 세 가지 문자는 두 가지 상형문자와 그리스 문자였지.
성각 문자
디모틱
(고대 이집트의 민중 문자)
그리스 문자

세 가지 문자로 쓰인 글들은 모두 똑같은 내용의 기록임이 분명했고,
음…
문자는 다르지만 뭔가 똑같아.

많은 학자들이 여기에 새겨진 상형문자의 의미를 알아내려고 노력했지.

그 후 샹폴리옹이란 프랑스 청년이 로제타돌에 새겨진 문자들의 의미를 풀어내게 되었단다.
요리
조리

1790년에 태어난 샹폴리옹은

이미 아홉 살 때부터 라틴어를 읽었던 뛰어난 언어학자였어.

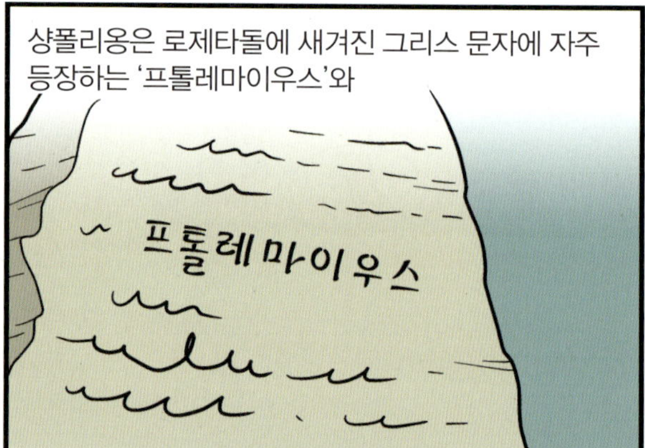
샹폴리옹은 로제타돌에 새겨진 그리스 문자에 자주 등장하는 '프톨레마이우스'와
프톨레마이우스

그 옆에 나오는 '클레오파트라'를 이용해 글자들을 하나씩 밝혀냈지.
클레오파트라

그 결과 상형문자의 네모는 'P'를, 누워 있는 사자는 'L'을 나타낸다는 것을 알아낸 거야.
P
L

상형문자 중 어떤 그림들은 직접적으로 하나의 개념을 나타냈어.

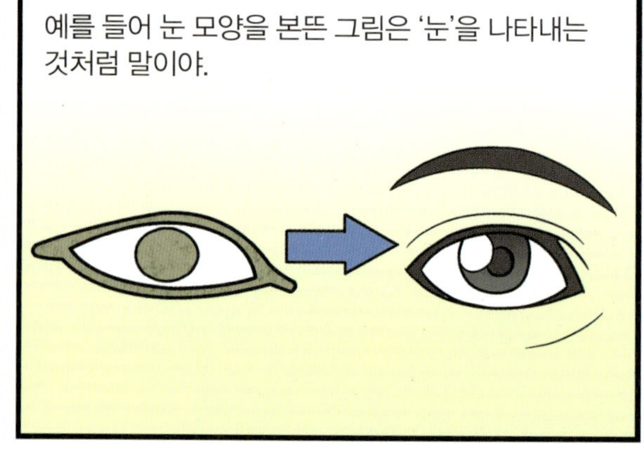
예를 들어 눈 모양을 본뜬 그림은 '눈'을 나타내는 것처럼 말이야.

하지만 그 그림들은 간접적으로 다른 무엇인가를 나타낼 수도 있어.

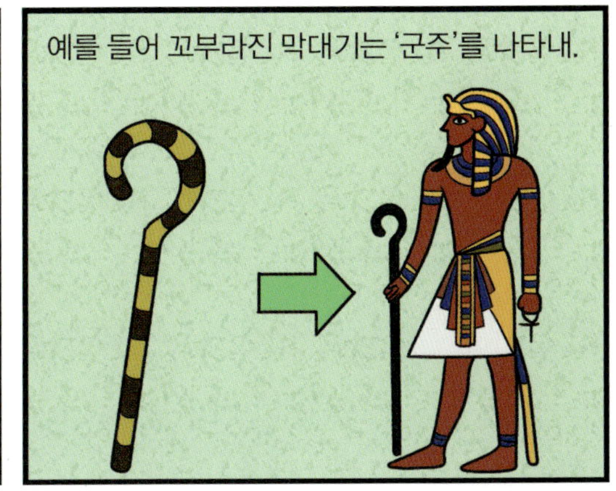

예를 들어 꼬부라진 막대기는 '군주'를 나타내.

고대 이집트의 파라오는 왕의 상징물로서 그런 꼬부라진 모양의 막대기를 들고 있었거든.

또 상형문자는 낱낱의 음가를 나타내기도 했어.

예를 들어 빵 한 덩어리를 나타내는 반원 모양의 그림은 'T'라는 음가를 표시했어.
T

고대 이집트의 상형문자는 아무나 쉽게 읽을 수 있거나 쓸 수 있는 문자가 아니었어.
이게 무슨 의미지?
?
?

상형문자가 만들어진 처음 목적이 서로 소식을 전하는 것이 아니라,
너 이게 무슨 뜻인지 알아?
아니, 도통……

파라오의 업적을 공식적인 비문에 남겨서 이를 기리기 위한 것이었기 때문이야.
탕
탕

이집트인들은 상형문자를 만듦으로써 역사상 엄청나게 중요한 발걸음을 내디뎠어.

생각과 언어를 기록해서 오래도록 붙들어 두기 시작한 거야.
이건 기록해 놓자!

그 이전에는 생각과 언어란 입술 사이로 나오자마자

그대로 다 날아가 버리고 마는 것들이었어.
휘이이잉

그후 지중해를 활동하던 뛰어난 상인들이었던 페니키아인들이

이집트 상형문자를 수입해서 발전시켰어.
이집트 문자야, 우리가 새로 만들자.

그들은 이집트 상형문자를 빌려다가 단어나 음절을 통째로 나타낸 것이 아니라

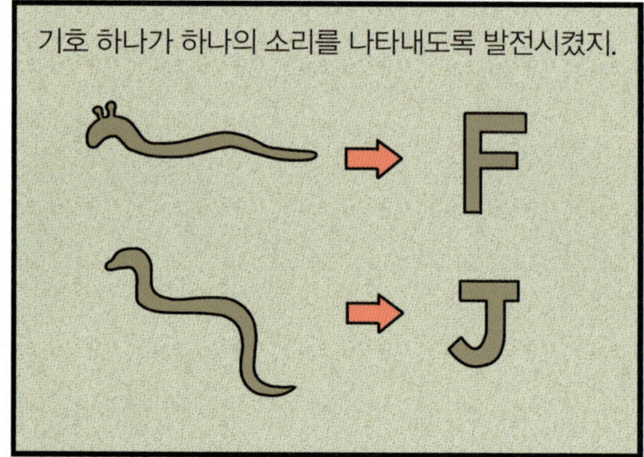

기호 하나가 하나의 소리를 나타내도록 발전시켰지.
F
J

그러나 페니키아 문자는 '아, 에, 이, 오, 우'와 같은 홀소리를 나타내는 기호가 없었어.

홀소리는 없어도 된다고 생각했던 거야.
음~
굳이 그런 것까지 나타낼 필요야……

나중에 그리스인들이 페니키아 문자를 빌려다가
페니키아 문자를 가져왔지!

홀소리를 나타내는 기호들을 더했지.

가령 페니키아에서는 소의 머리 모양에서 발전한 'Alef'를 홀소리 'a'를 나타내는 기호로 바꾸었고
'Alef'는 원래 [ʔ]로 쓰였지.
= (Alef)

그것이 그리스어에서 '알파(Alpha)'로 바뀌었어.
Alpha

페니키아어 'Alef'가 원래 황소를 의미했으니까

누구라도 그 모양을 보고

양쪽에 뿔이 난 소의 모습을 알아볼 수 있었어.
풍~

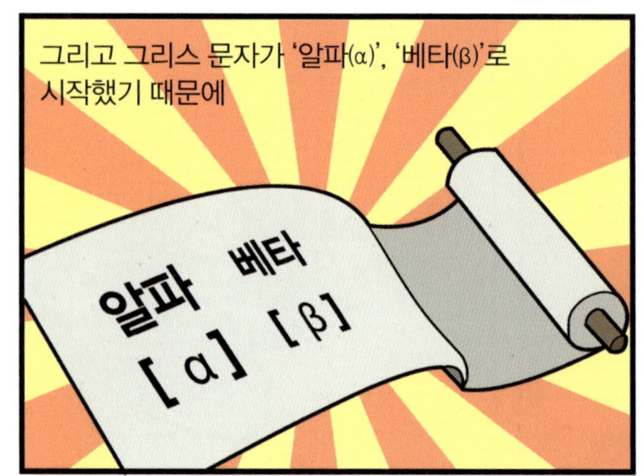

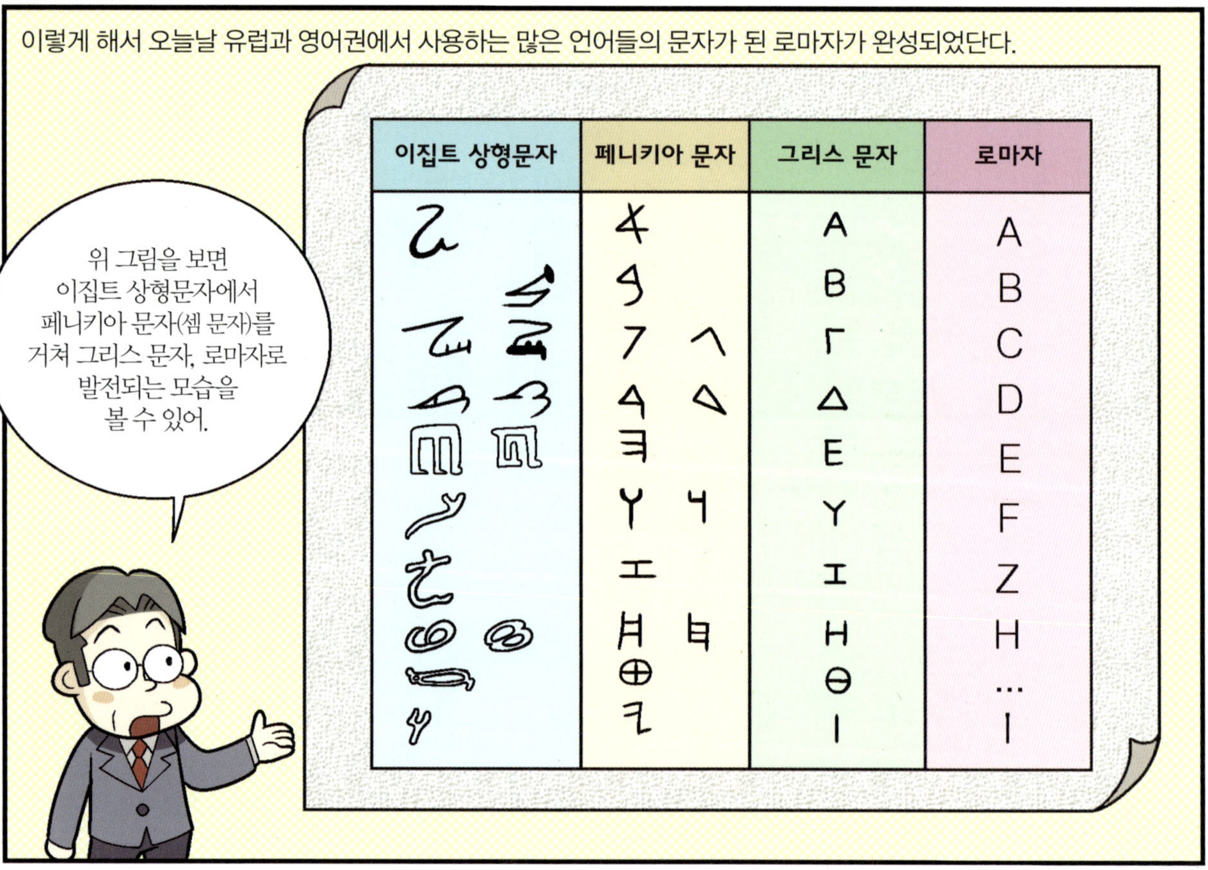

이렇게 해서 오늘날 유럽과 영어권에서 사용하는 많은 언어들의 문자가 된 로마자가 완성되었단다.

위 그림을 보면 이집트 상형문자에서 페니키아 문자(셈 문자)를 거쳐 그리스 문자, 로마자로 발전되는 모습을 볼 수 있어.

이집트 상형문자	페니키아 문자	그리스 문자	로마자
		A	A
		B	B
		Γ	C
		Δ E	D
		Y	E
		I	F
		H	Z
		Θ	H
		I	… I

그리고 로마자는 아래 지도에서 보는 것처럼 많은 언어들의 기록 수단이 되었지.

무스타파 케말 아타튀르크(Mustafa Kemal Atatürk, 1881년~1938년)

처음에는 사물의 모양을 그대로 본뜬
상형문자가 많았지만

차츰 추상적인 의미도 나타냈지.
짜잔
설형문자
바로 설형문자(楔形文字)의
탄생이야!

수메르는 메소포타미아 문명의 시초가 됐어.
소아시아
시리아
사막
바빌론
우르
이집트
아라비아
수메르인의 초기 정착지

수메르인들이 문자를 새겨
넣은 토기는

햇볕에 구워져서 점점
단단해졌단다.
쩌쩍
쩌쩍

그래서 아주 오랫동안 보존이 가능하게 된 거야.
앗, 이건……!

당연히 지금도 점토판이 보존되어 있지.

중국에서도 약 4,000년 전에
똑같은 방식으로 글자를 만들어
냈어.

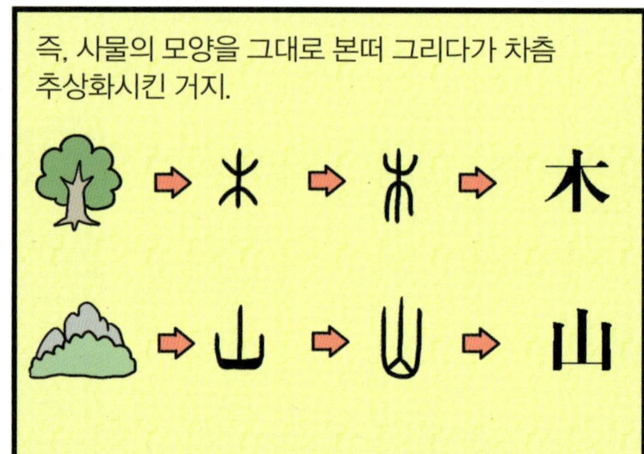

즉, 사물의 모양을 그대로 본떠 그리다가 차츰
추상화시킨 거지.

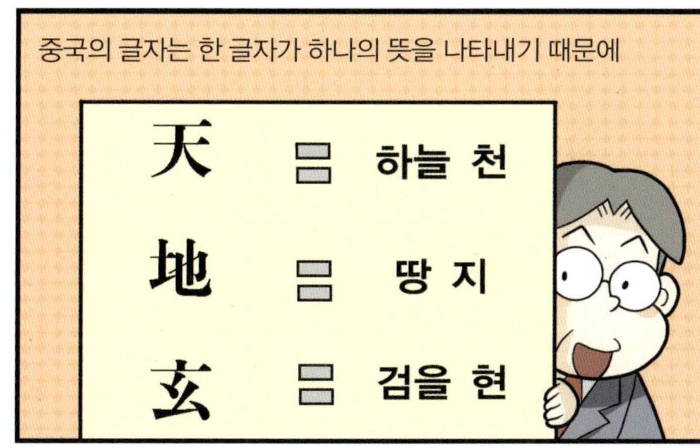
중국의 글자는 한 글자가 하나의 뜻을 나타내기 때문에
天 = 하늘 천
地 = 땅 지
玄 = 검을 현

표의문자(表意文字)라고 해.
표의문자
속 속

이것은 중국어와 한글의 가장 큰 차이지.
우리와 다르다해.

한글에서 문자 하나하나는
아무런 의미도 없어.

가령 ㄱ, ㄴ, ㄷ 등은 그 자체로 아무런 의미도 없고,
다만 소릿값을 가질 뿐이지.
ㄱ = 기역
ㄴ = 니은
ㄷ = 디귿

그런데 중국 문자는 모든 글자들에 각각의 뜻이 있어.
馬 =
刀 =
魚 =

당연히 아주 많은 글자가 필요하겠지?

약 300년 전 중국의 강희제는 사전에 5만 개의 글자를 수록하게 했어.
5만여 개

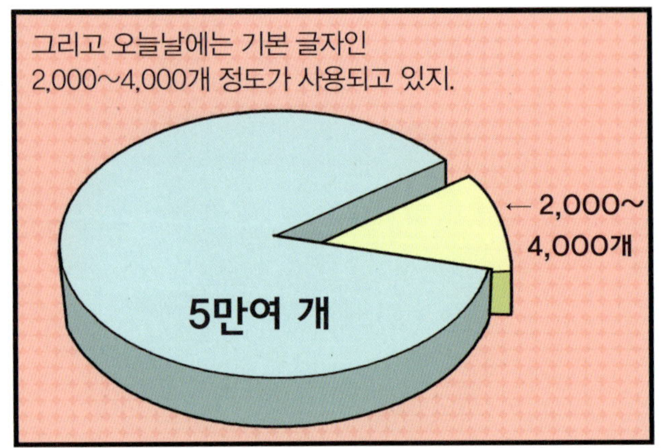

그리고 오늘날에는 기본 글자인 2,000~4,000개 정도가 사용되고 있지.
← 2,000~ 4,000개
5만여 개

이 글자를 다 익히는 데만도 많은 시간이 필요해.
으~

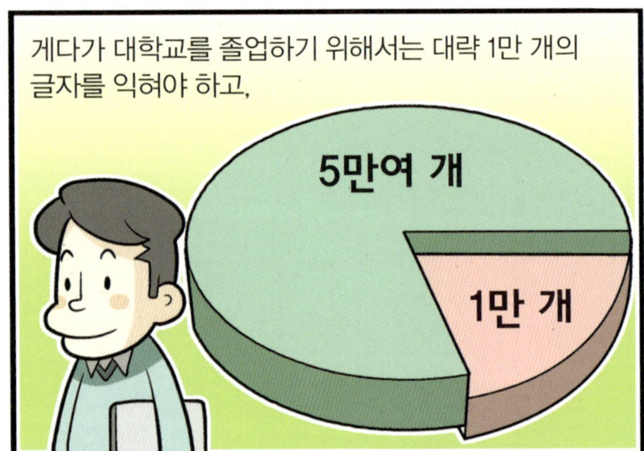

게다가 대학교를 졸업하기 위해서는 대략 1만 개의 글자를 익혀야 하고,
5만여 개
1만 개

학자라면 2만 개의 글자를 알아야 해.
5만여 개
2만 개

모든 뜻에 글자를 사용한다면 사람들이 다 기억해서 쓸 수가 없을 거야.
너무 많아~
으아아아~

한자는 마치 산수 공식과도 같아.
1+1=2

예를 들어 볼까?
靑은 '푸르다'는 뜻을 가지고 있고, [청]이라고 발음해.
靑 = 푸를 청

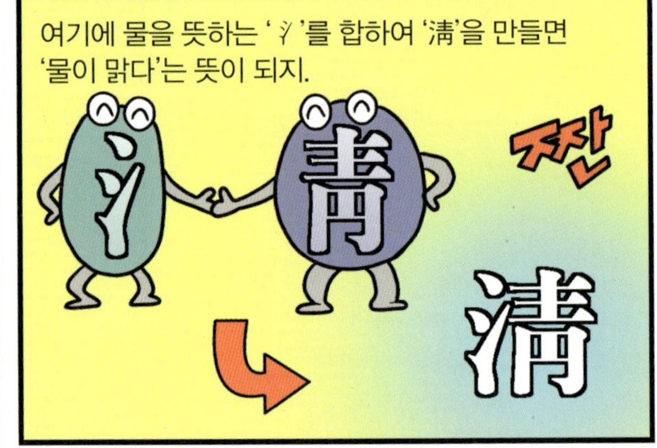

여기에 물을 뜻하는 '[illegible]today'를 합하여 '淸'을 만들면 '물이 맑다'는 뜻이 되지.
짜잔
淸

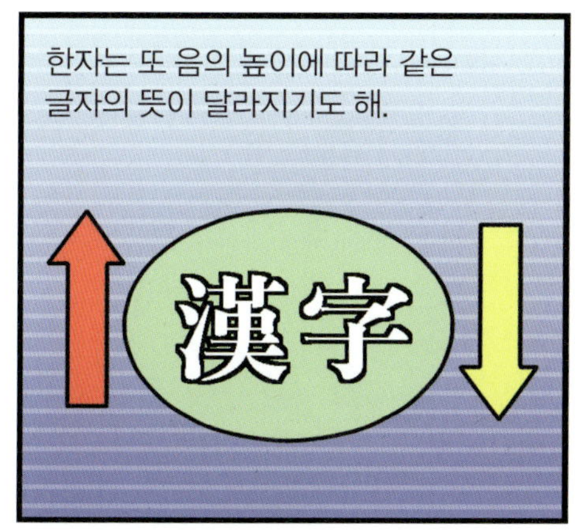

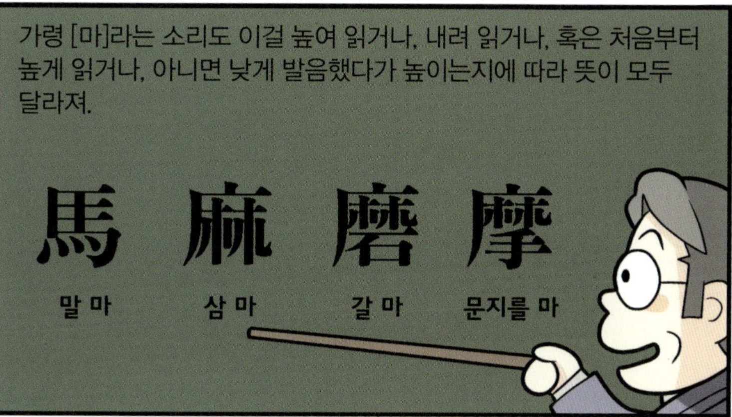

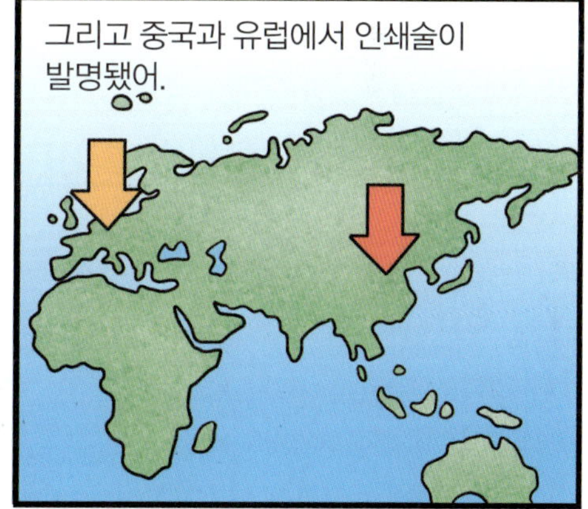

요하네스 구텐베르크(Johannes Gutenberg, 1397년~1468년)

이전에는 나무판에 문서를 새기고,

거기에 색을 입힌 후 종이를 대고 눌러서 인쇄를 했지.
마치 판화를 찍듯이 말야.
꾹
꾹

구텐베르크는 그렇게 하지 않고
예전의
방식으로는 안 돼.
그렇다면…….
음…

알파벳 하나하나를 만들어 조합해서 인쇄를 했다는 점에서
아주 독창적인 인쇄 방법을 고안해 낸 거야.

그렇게 함으로써 철자들의 모습이 일정하게 고정되고,
오~

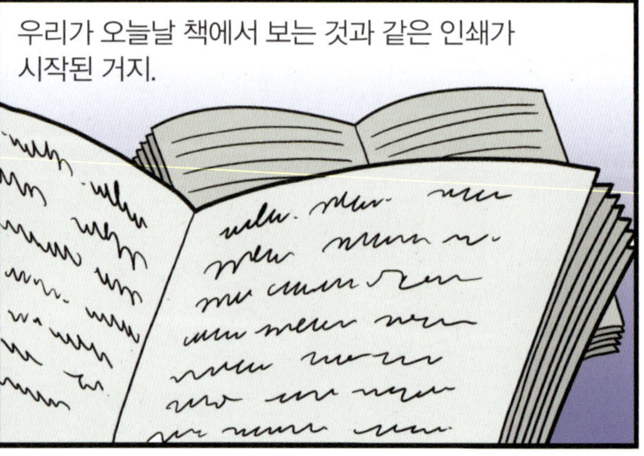

우리가 오늘날 책에서 보는 것과 같은 인쇄가
시작된 거지.

글자는 자유롭게
사용할 수 있는데, 그림을
넣기는 쉽지 않아.

그래서 책을 만들 때는 그림을 따로 인쇄하여
끼워 넣기를 하는 수밖에 없어.
그림 따로
글자 따로

그러나 최근에는 컴퓨터가 발달해 편집이 쉬워졌기 때문에
탁
탁
탁
탁

글자와 그림, 특수문자 등을 쉽게 인쇄할 수 있게 되었지.
※ # & ＊ @ § ☆ ○

문자는 언어의 기록 수단이야.

그런데 이제는 기록 장치와 기록 수단이 발달함으로써,

글자 즉 텍스트 기록뿐 아니라 동영상, 이미지 등도 쉽게 저장할 수 있게 되었어.
자, 찍는다~!
하 하 하

즉 문자의 기능이 점점 더 축소될 수밖에 없는 상황이야.
ㄱㄹㅁㅎ A K
문자

19세기를 인쇄술의 시대 혹은 텍스트의 시대라 한다면,
A B C D

21세기는 컴퓨터의 시대이고 이미지의 시대라 할 수 있겠지?

샹폴리옹과 로제타석

우리나라는 단군왕검이 건국했고, 고구려, 백제, 신라의 삼국시대가 있었으며, 통일신라가 멸망한 후 고려시대를 거쳐 조선시대가 되었으며, 일제강점기를 거쳐 오늘날의 대한민국으로 이어졌다는 이야기는 모두 알고 있지요? 이것이 우리나라의 역사입니다. 어떻게 알 수 있었을까요? 오래된 문헌을 살펴보고, 유적과 유물을 조사하며 이웃나라의 역사서들을 통해 이러한 사실들을 알 수 있습니다.

이집트 연구가 장프랑수아 샹폴리옹.

언어학과 역사학은 어떤 관계가 있을까요? 역사 자료에는 문헌자료가 있게 마련인데, 바로 이 문헌자료를 통해 당시의 언어생활을 엿볼 수 있습니다. 그래서 역사학은 언어학에 도움을 줄 수 있지요. 반대로 언어학적 연구 결과는 역사적 사실을 증명하는 데 도움을 줄 수도 있습니다. 재미있는 이야기들을 많이 수집한 그림 형제(Grimm brothers) 중 한 사람은 소위 ‘그림의 법칙’이라는 유명한 언어학적 법칙을 발견했습니다. 예를 들어 라틴어의 ‘p’는 영어에서 ‘f’와 대응된다는 것입니다. 그래서 ‘아버지’를 의미하는 라틴어 ‘pater’는 영어 ‘father’와 규칙적으로 대응하는 것을 알 수 있습니다.

오래된 문서들을 해독하기 위해서는 언어학적 분석 기술이 필요합니다. 그렇게 해서 아직 밝혀지지 않았던 과거의 역사적 사실들이 밝혀지기도 합니다. 나폴레옹 군대의 장교였던 샹폴리옹이 로제타석에 새겨진 글귀들을 해독함으로써 이집트 상형문자 해독의 신기원을 열었지요. 그는 로제타석에 새겨진 내용을 어떻게 알아낼 수 있었을까요? 그는 세 부분으로 나뉜 각각 다른 문자들이 동일한 내용을 담고 있으리라고 추측했습니다. 그는 이미 그리스 문자를 알고 있었기 때문에, 맨 위층의 고대 이집트 상형문자와 중간에 있는 민중서체의 내용을 추측할 수 있었던 것입니다. 물론 문자를 해독하는 성과와 더불어 그리스 문자를 통해 로제타석에

새겨진 역사적 사건에 대해서도 알 수 있게 되었지요.

역사학과 언어학은 그런 의미에서 매우 밀접한 관계가 있습니다. 특히 언어의 발달이나 언어들 간의 상호 관계를 연구하는 학문을 문헌학(philology)이라 하여 현대 언어학과 구별하기도 합니다. 현대 언어학은 영어로는 'linguistics'라고 부르지요.

우리에게는 세계에 내놓아도 아주 자랑스러운 문화유산이 많습니다. 그중 하나가 바로 『세종실록』이지요. 세종대왕 통치 당시의 국가대사나 궁중의 대소사를 매일 기록한, 세계적으로도 유례가 없는 기록 문화입니다. 이 유산은 역사학자들에게도 소중한 문헌자료이지만, 언어학자들에게도 매우 소중한 자료입니다. 세종대왕 시절의 우리말의 모습을 생생하게 보여주기 때문입니다. 시대를 거슬러 올라가서 고려시대에 저술된 『삼국사기』나 『삼국유사』는 고려시대의 우리말의 모습을 보여주겠지요. 아쉬운 점은 종이나 천과 같은 것들은 쉽게 썩어 없어진다는 점입니다. 그런 이유로 문헌자료는 시대를 거슬러 올라갈수록 찾기가 쉽지 않아요. 이와 달리 로제타석처럼 바위나 비석에 새겨진 비문들은 수천 년을 뛰어넘어 역사적 사실들, 언어학 사실들을 전해 줍니다. 그러니까 우리나라의 반구대 암각화는 역사학자, 인류학자, 언어학자, 고고학자 모두에게 너무나 소중한 자료인 것입니다.

로제타석의 탁본.

9장 인간은 몇 개의 언어를 배울 수 있을까?

사용자가 수십 명밖에 되지 않는 언어들도 많지.
소수 언어

다른 문화의 사람들과 소통을 하려면 사용자가 많은 언어를 공부해야 해.

그렇기 때문에 많은 학생들이
우르르르

영어, 중국어, 아랍어 등을 배우려고 하는 걸 거야.
우이이이
영어학원
외국어학원
아랍어학원

이 세상에 단 하나의 언어만 있다면
하나만?

굳이 외국어를 공부할 필요도 없을 텐데.
맞아, 맞아!

누구나 한 번쯤은 그런 생각을 해봤을 거야.
굳이 영어나 중국어를 배울 필요도 없고,
학원도 안 가고 말이야……
영어학원

그런데 19세기에도 그런 생각을 한 사람이 있었어.
에헴

바로 독일의 요한 마르틴 슐라이어라는 신부였지.

세계라는 뜻의 'vol(영어로 world에 해당함)'과 언어라는 뜻을 나타내는 'pük(영어의 speak)'를 합한 단어였어.

신부가 고안한 언어는 매우 복잡한 구조로 만들어졌지만

세계 언어에 대한 관심은 고조됐지.

슐라이어 신부에게 계시가 내린 지 몇 년 되지 않아
이미 전 독일의 도시와 마을에 '세계언어협회'라는 것이 만들어졌어.
와글 와글
세계언어협회

유럽의 거의 모든 나라들과 미국, 중국, 남아프리카, 호주에서

사람들이 정기적으로 모임을 갖고 볼라퓌크어를 배우거나
오우

볼라퓌크어로 대화를 주고받았지.

1887년에는 뮌헨에 '카뎀 볼라퓌크'라는 독자적인 아카데미가 세워지기도 했어.

슐라이어 신부가 그 언어를 고안한 지 10년째 되던 해에는
23종류의 볼라퓌크어 신문이 발행되기도 했어.
볼라퓌크 신문
세계어를 배우자!
세계어를 배우자!
세계어
세계어
세계어

국제인공어를 만들려는 계획은
그뿐만이 아니었단다.
19세기에서 20세기로
넘어가는 시기는

식민지주의의
전성기였어.
내 땅!
음하하하
통치

북쪽 지역의 공업국가들은 전 세계를 위해 하나의 언어를
반드시 만들어야겠다고 생각하게 됐지.
공통어를
만들자!
와아

이런 노력은 마침내 제1차 세계대전 직전까지

에스페란토, 링구아 콤뮨, 이디옴 노이트랄, 인터 링구아, 페리오, 링구아 인터내셔널, 엑셀시오로, 울라, 몬도링그보,
안티도, 로마니차트, 로마날, 메츠 보조, 옥시덴탈, 인터 글로사 등 수없이 많은 '인공어'가 생겨나게 했어.
쌀라
쌀라
쌀라
쌀라
쌀라
쌀라
에스페란토어
링구아어
콤뮨어
노이트랄어
등등..

다양한 인공어 창시자들은 모두 하나의 목표를 가지고 있었어.
활
활

가능한 많은 사람이 쉽게 쓸 수 있는 언어를 만드는 거였지.
느으윽
쓰기 쉬운 언어

그래서 인공어들은 흔히 세계에 가장 많이 퍼져 있는 언어의 요소들을 차용했어.

그중 특히 유명한 것이 에스페란토어야.
에스페란토어

안과 의사였던 루드비크 라자루스 자멘호프는
음‥

1887년 바르샤바에서 세계언어를 만들 계획안을 작성했어.
언어학회

40페이지나 되는 팸플릿 안에 자신의 이름을 '에스페란토 박사'라고 소개했지.
새로운 언어로 해석하면 '소망하는 자'라는 뜻이야.

자멘호프의 이 닉네임은 그가 개발한 언어의 이름이 됐어.
에스페란토어
에스페란토 박사

자멘호프는 가능하면 많은 사람들이 이해할 수 있는 어근을 사용하기 위해 노력했어.

예를 들면 'glaso'가 '유리'를 나타내는 단어라는 것은
glaso

이미 'Glas(유리)'를 알고 있는 독일인, 영국인, 미국인이라면 쉽게 알 수 있을 것이고,
Glas
유리
미국
영국
독일

또한 'bona'가 '좋은'이라는 뜻인 것은 스페인과 라틴아메리카, 이탈리아, 프랑스 사람이라면 누구나 금세 알 거야.
bona
좋은
스페인 프랑스 이탈리아

또 비교적 간단한 문법을 구성하려고 노력했어.
최대한 간단하게~.

관사는 하나만으로 제한하고, 복수형을 만드는 법칙도 한 가지,
모든 동사의 활용 방법도 단 한 가지라는 식으로 말이지.
동사

그렇다면 세계어는 성공했을까? 물론 아니야.

성공했더라면 오늘날 우리가 영어를 배우느라 고생하고 있지 않겠지.
영어
난 못해!

19세기에 거세게 타올랐던 세계 언어에 대한 관심은
세계 언어
활
활
활

곧이어 각성과 반성의 시간으로 이어졌어.

최초로 시도된 세계 언어였던 볼라퓌크어 지지자들은
볼라퓌크어를 배우자!
지지

복잡한 구조와 문법을 개선하는 문제를 두고 격렬한 논쟁을 벌였어.
너무 복잡하다구!
아니야, 그건 이렇게 생각해보면…….
착

결국 볼라퓌크라는 이름은 사람들의 기억에서 사라지고 말았지.
볼라퓌크어
쓸쓸

수백 종류의 다른 제안들 역시 마찬가지였고.

그나마 어느 정도 활용되고 있는 유일한 언어학회는 에스페란토어뿐이야.
에스페란토어

전 세계에 퍼져 있는 에스페란토어 학회는 수백 개에 달해.
에스페란토어 학회

가수들은 에스페란토어로 노래를 부르고, 작가들은 에스페란토어로 글을 쓰지.

전 세계적으로 약 100만에서 500만 명 정도가 에스페란토어를 쓰고 있다고 추정되고 있단다.
사랑해요, 에스페란토어!
와글
와글

그런데 세계어는 왜 실패했을까?
세계어

영어의 팽창도 한 이유가 될 거야.
영어
여러 언어들

실제 영어를 모국어로 쓰는 나라는 그렇게 많지는 않아.

그러나 영어가 통용되지 않는 나라는 이 지구상에 거의 없을 정도지.
Hi
Hi

영어는 많은 나라들의 공식 언어이며 학교에서 혹은 유치원에서부터 배우도록 할 정도야.
Aa Bb Cc

슐라이어 신부가 볼라퓌크를 만들며 꿈꿨던 세계 언어의 역할을

영어가 담당하게 된 셈이지.
영어
그렇다면 영어를 세계 언어라고 할 수 있을까?

단재 신채호(1880년~1936년)

그는 어느 날 여행을 하다가 세 명의 여성을 만났어.

이들 여성은 그가 알아듣지 못하는 언어로 대화를 주고받고 있었지.

호기심이 생긴 자우어바인은 여행 계획을 변경하여
이 여성들과 잠시 동행하기로 했는데,
그 결과 계획보다 5일 늦게 목적지에 도착했대.

하지만 그 대신 그는 핀란드어를 완벽하게 구사하고 있었다는구나.
올까아 휘바!
(천만에요!)
안떼엑시!
(죄송합니다!)

이탈리아의 기우스페 메조판티는 스무 살이 되었을 때

이미 스무 종류의 외국어를 구사할 수 있었대.
영 어
중국어
프랑스어
터키어
등등
독일어

가톨릭 사제로서 경력을 쌓은 뒤 추기경이 되었을 때 그가 구사할 수 있는 언어의 개수는 70개로 늘어났다지.

1956년 브라질에서 태어난 지아드 파자는 17세 때 이미 54개의 언어를 구사했대.
쌀라
쌀라
쌀라
쌀라
쌀라
우와, 54개나!

그는 미국에서 공식적으로 인정된 언어 모두 구사할 수 있다고 주장했어.
척
한마디로 다 할 수 있단 말이지!

미국의 언어학자 켄 헤일 교수는 50개의 언어를 구사한 사람이야.
저는 50개 언어 정도?

그는 호주 원주민 언어인 왈비리어를 위한 사전을 만드는 데 참여하기도 했고,
사전

니카라과의 인디오 언어인 울바와 미스키토어 사전을 만들기도 했어.
울바 사전
미스키토어 사전

1960년에 벨기에에서 태어난 요한 반드발레는 26세 때 다언어 대회에 참가해 22개의 언어를 구사했대.
쌀라
쌀라
쌀라
쌀라
쌀라

이탈리아 볼로냐에서 태어난 요셉 카스터는 방언을 포함해

전 세계 114개의 언어를 구사했다는 기록을 보유하고 있어.
내가 제일 많지롱~!
114개

그가 구사했던 114개의 언어 중 54개는 고등교육을 받은 그 나라 사람 수준이었다고 해.
유창~
박식~
쌀라 쌀라 쌀라 쌀라 쌀라
우와~!

이런 언어 천재들은 어떻게 그렇게 많은 언어를 익혔을까?

이들의 경력을 비교해 보아도
자우어바인
요셉
궨헤일
파자

그처럼 많은 언어를 단시간에 배울 수 있는 비법은 알아낼 수 없었어.

이들 중 다언어를 사용하는 가정에서 태어난 사람은 없단다.
엄마(미국)
할머니(그리스)
아빠(프랑스)

따라서 언어 천재가 되기 위해서 아버지는 프랑스인이고, 어머니는 미국인이며,
봉주르~!
헬로~!

독일에서 태어난 후 세 살 때 중국으로 갔다가
3살
독일
중국

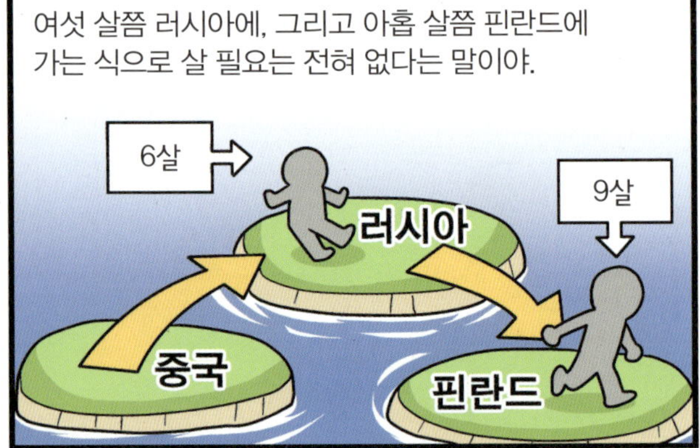

여섯 살쯤 러시아에, 그리고 아홉 살쯤 핀란드에 가는 식으로 살 필요는 전혀 없다는 말이야.
6살
9살
러시아
중국
핀란드

유명한 언어 천재들이 사용한 학습 방법 역시 모두 똑같지는 않아.
고고학자인 하인리히 슐레이만은 일상에서 말을 사용하며 배워야 한다고 했어.
생활 속에서 자연스럽게 써야 합니다!

문법을 달달 외우는 방법은 좋지 않아요.
관사는 어쩌구 저쩌구~~.

그런 식으로 슐레이만은 30개쯤 되는 언어를 익혔어.
할매요~ 그거 얼만교?
외국인이네? 살랑교?

독일어와 중국어 간 통역사였던 에밀 크렙스는 전혀 다른 학습법을 사용했어.

1867년 출생하여 1930년 사망할 때까지 그는 거의 60개 국어를 익혔는데,
살아 생전 60개 언어를 익혔대~.
와-
1867 ~ 1930

크렙스가 가장 즐겨 사용한 방법은 책들을 달달 외우는 것이었어.
책을 읽자!

그는 주기적으로 새벽 세 시까지 꼬박 앉아 외국어로 된 책을 읽었대.
집중
외국어

요한 반드발레는 다언어를 배울 수 있는 길은 집요함과 끈기라고 말해.
끈기 있게!
포기하지 않아!

그는 고향 벨기에의 학교에서 이미 플라만어, 프랑스어, 영어, 독일어, 라틴어를 배웠고,
라틴어
플라만어
영어
등등

13세 때부터 늘 외국어 라디오 방송을 들었으며,
Hello

나중에는 몇 시간이나 외국어 텔레비전 프로그램을 시청했대.
니하오~!
니하오-

그는 기본 단어들을 빨리 익히는 것이 중요하다고 강조했어.
기본 어휘가 중요!

2,000개의 기본 단어가 있으면 어느 정도 의사소통을 하는 데 문제가 없습니다.
반면 희귀한 단어를 외우는 것은
별로 도움이 되지 않습니다.

하지만 대부분의 언어 천재들에게도 공통점이 한 가지 있어.

그들은 대개 14세가 되기 전부터 외국어에 대해 많은 관심을 보였다는 것이지.
솔깃

런던 칼리지의 안드레아 미첼리는

언어에 소질을 보이는 사람들의 뇌를 연구해 이런 결론을 내렸어.
뇌구조
나이 들어 외국어를 배우는 사람은 어린 나이에 배운 사람에 비해서 언어를 능숙하게 구사할 수 없어요.

물론 14세가 되었거나 그보다 나이가 많다고 해서 외국어 공부를 완전히 포기하라는 말은 아니야.
외국어
너무 어렵구나~.

언어를 배우는 데 확실한 법칙이 있는 건 아니니까요.
3+4=7
수학 공식 같은 게 아니거든요.

또 어렸을 때 외국어를 접촉했다고 해서 모두가 언어 천재가 되지는 않아.
I'm a girl
아이 엠 어 걸~!

이민자의 아이가 말을 배우는 데 어려움을 겪는 경우가 있는 반면,

다른 한편으로 어른이 되어 배운 외국어로
영어 학원
외국어 학원

글을 쓰고 상을 받는 작가들도 있어.
올해의 작가상

스페인 작가 호르헤 셈프룬은 프랑스어로 글을 썼고,
Situ viens. Par
je commencer

이탈리아 작가 안토니오 타부키는 자신의 작품 중 일부를 포르투갈어로 썼어.
Como vai?
Como vai vai tudo?

러시아 태생의 작가 블라디미르 카미너는 독일에 살면서

독일어로 쓴 작품을 베스트셀러 목록에 올리곤 하지.
베스트셀러
러시안 디스코

앞에서 얘기한 언어 천재들 중 에밀 크렙스를 기억하지?

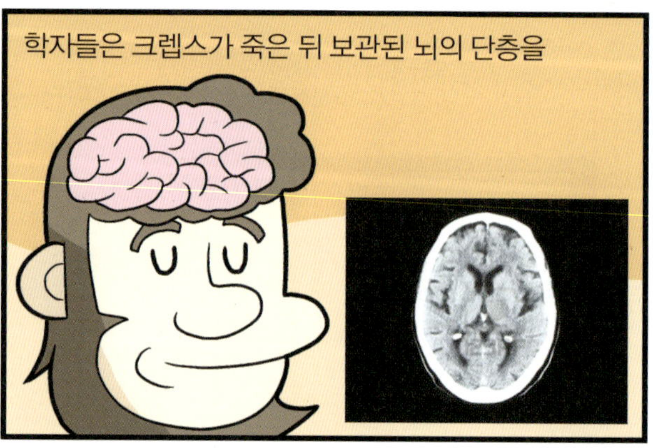

학자들은 크렙스가 죽은 뒤 보관된 뇌의 단층을

최첨단 기계로 찍어 보았는데,

크렙스의 뇌가 보통 사람들의 뇌와는 다르게 생겼다는 걸 발견했단다.
깜짝!

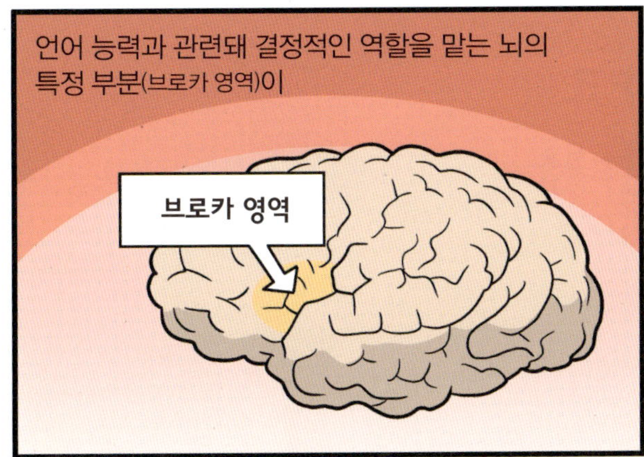

언어 능력과 관련돼 결정적인 역할을 맡는 뇌의 특정 부분(브로카 영역)이
브로카 영역

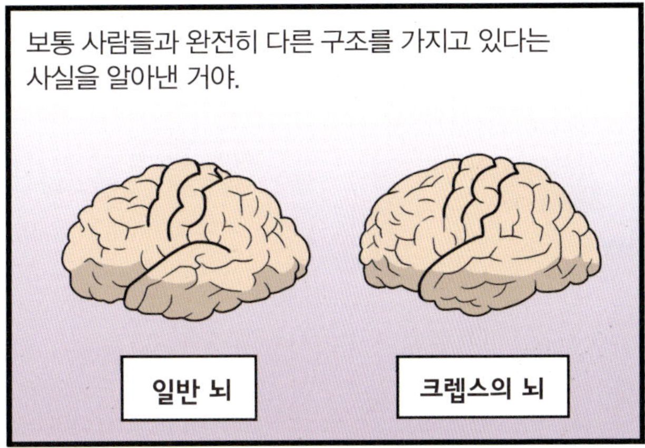

보통 사람들과 완전히 다른 구조를 가지고 있다는 사실을 알아낸 거야.
일반 뇌
크렙스의 뇌

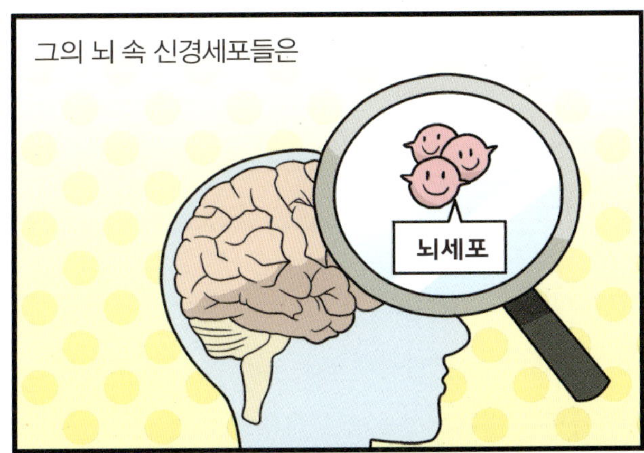

그의 뇌 속 신경세포들은
뇌세포

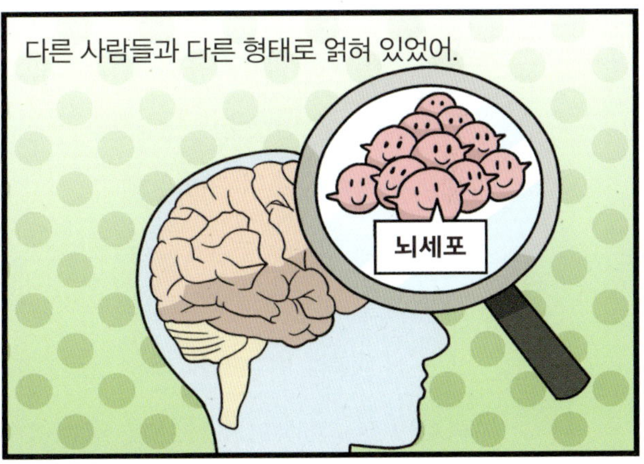

다른 사람들과 다른 형태로 얽혀 있었어.
뇌세포

바로 그것이 크렙스가 많은 언어를 익힐 수 있게 해 준 비밀이 아니었을까?
영어
프랑스어
이탈리아어
인도어
러시아어
독일어
중국어 등등
쏼라 쏼라 쏼라

하지만 거꾸로 어떤 사람이 두뇌 속에 특별한 브로카 영역을 지녔다고 해서
브로카 영역

무조건 그를 언어의 천재라고 말할 수는 없다는구나.
영어가 50점이잖아!
영어
50

언어 그리고 인간의 뇌는 참으로 신비롭지 않니?

콩 심은 데 콩 나고
팥 심은 데 팥 난다!

　사회학이란 우리가 사는 사회에서 일어나는 거의 모든 일들의 성격, 원인, 결과 및 개인과 집단 간의 상호작용 등을 연구하는 사회과학의 한 분야입니다. 사회 속에서의 개인과 사회 사이에서 일어나는 상호작용을 연구하고, 그것에서 비롯되는 풍습, 구조, 제도를 연구하며, 사회가 개인의 행동과 성격에 미치는 영향에 대해서도 연구합니다.

　가족 관계를 집중적으로 연구하는 것은 가족사회학이고, 정치 문제를 집중적으로 연구하는 것은 정치사회학이며, 사람들

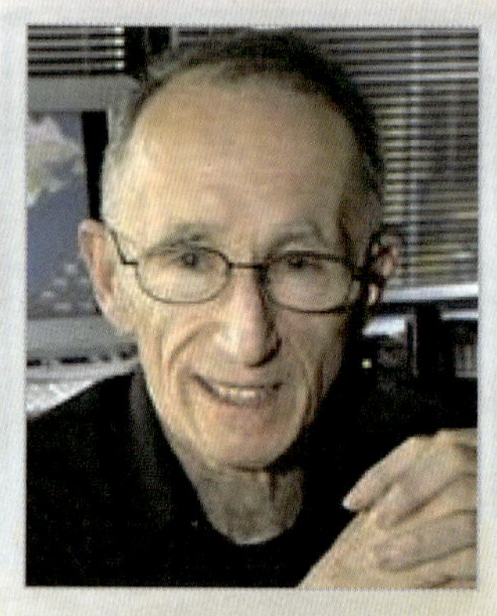

미국의 언어학자 윌리엄 라보브.

의 소비행태를 연구하는 것은 소비사회학이라 합니다. 사회조사의 모든 측면이 사회학의 연구대상이기 때문에 사회 속에서 벌어지는 언어현상을 연구한다면 그것은 언어사회학 혹은 사회언어학이라 불릴 수 있겠지요. 실제로 라보브(Labov)란 사회언어학자는 뉴욕의 흑인 화자들의 영어를 조사하여 그 특성을 밝혀내기도 했습니다. 백인들이 흑인과 흑인영어에 대해 가지고 있는 상투적인 오해가 인종이나 지능, 잠재성과는 아무런 관련이 없다는 사실이 밝혀졌습니다. 언어학적 연구결과에 의하면, 백인 아이가 흑인 사회에서 성장하면 흑인영어를 구사하게 되고, 반대로 흑인 아이가 백인영어를 구사하는 사회에서 성장하게 되면 백인영어를 구사하게 되는 것입니다. 사회학과 언어학은 그런 점에서 매우 가까운 사촌관계라고 할 수 있지요.

　언어연구가 사회학에 기여할 수도 있습니다. 앞에서 살펴본 것처럼 가족관계를 나타내는 호칭들을 조사함으로써 그 사회의 가족구조를 엿볼 수 있고, 특정 사회에서 사용되는 욕설의 어휘들을 조사함으로써 그 사회의 금기사항을 알아낼 수도 있습니다. 우리나라처럼 유교문화가 강한 영향력을 발휘하는 사회에서는 신체기관에 대해 많은 금기어가 있고, 조상이나 윗사람에 대한 경외심이 다양한 측면에

서 강조됩니다. 그렇기 때문에 신체기관이나 조상 혹은 가족에 대한 욕설은 가장 참을 수 없는 마음의 상처를 주게 되지요. 반면에 영어권처럼 기독교적인 문화배경을 가진 사회에서는 종교적인 욕설이 더 큰 상처를 주게 됩니다.

최근에는 이중 언어 혹은 다언어 현상에 대한 연구가 활발하게 이루어지고 있습니다. 우리나라처럼 모든 국민이 한국어를 유일한 공식 언어로 사용하는 사회에서는 큰 문제가 되지 않지만, 어떤 문화권에서는 둘 이상의 언어를 사용하는 사람들이 함께 살기도 합니다. 물론 우리나라에도 최근에 다문화 현상이 널리 퍼지고 있습니다. 한국어를 잘 구사하지 못하는 이주노동자와 그 자녀들, 혹은 국제결혼을 한 가정의 자녀들이 한국어와 그들 자신의 언어를 사용해야 하는 이중 언어 환경에 처하게 된 것입니다. 여러 언어가 사용되는 문화 점이지대의 사람들은 특정 언어를 자신의 제1언어로 선택하게 되는데, 이때 고려되는 사항들이 사회학적, 정치경제적 요인들에 의해 영향을 받게 됩니다. 예를 들면 미국 인디언 보호구역에 사는 인디언 젊은이는 자신의 모국어인 인디언 언어와 영어 사이에서 선택을 하거나 최소한 영어를 습득해야 할 필요성을 느끼겠지요. 미국에서 좀 더 나은 삶을 개척하기 위해서는 영어를 구사할 줄 알아야 할 테니까요. 이러한 선택의 문제는 56개의 공식적 소수민족이 있는 중국에서도 마찬가지일 것입니다. 사회학적 연구와 언어학적 연구가 결합된다면 우리는 한 사회의 언어 현상과 더불어 사회 현상을 보다 더 정확하게 이해할 수 있게 될 것입니다.

중국의 민족 지도.

10장 한국어는 한국말로만 이루어졌을까?

병자수호조규(丙子修護條規) 이래(以來) 시시(時時)종종(種種)의 금석맹약(金石盟約)을 식(食)하얏다

하야 일본(日本)의 무신(無信)을 죄(罪)하려 안이 하노라. 학자(學者)는 강단(講壇)에서,

정치가(政治家)는 실제(實際)에서, 아(我) 문화민족(文化民族)을 토매인우(土昧人遇)하야,

한갓 정복자(征服者)의 쾌(快)를 탐(貪)할 쑨이오, 아(我)의 구원(久遠)한 사회(社會)기초(基礎)를

무시(無視)한다 하야 일본(日本)의 소의(少義)함을 책(責)하려 안이 하노라……

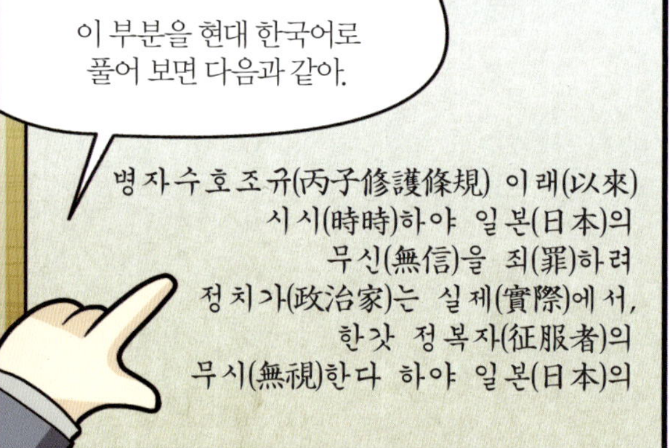

(우리는) 일본이 병자수호조약 이후 때때로 굳게 맺은 갖가지 약속을 배반한 데 대해 일본의 신의 없음을 단죄하려는 것이 아니다. 일본의 학자들은 강단에서, 정치가는 실제에서, 우리 조선의 옛 왕조 대대로 물려 내려온 업적을 식민지의 것으로 보고, 문화 민족인 우리를 야만족같이 대우하며, 다만 정복자의 쾌감을 탐할 뿐이요, 우리의 오랜 사회 기초와 뛰어난 민족의 성품을 무시한다 해서 일본의 의리 없음을 꾸짖으려는 것도 아니다…….

얼핏 봐도 조사와 어미를 제외하고 중요 단어는 모두 한자어로 되어 있어.

병자수호조규(丙子修護條規) 이래(以來) 시시(時時)하야 일본(日本)의 무신(無信)을 죄(罪)하려 정치가(政治家)는 실제(實際)에서, 한갓 정복자(征服者)의 무시(無視)한다 하야 일본(日本)의

왠지 한국어가 생각만큼 그렇게 순수하지 않은 것 같지?

단일 언어라는 말은 적어도 어휘 면에서는 적용되지 않아.

물론 외래어 어휘가 아무리 많이 들어와도 한국어는 한국어일 뿐
기본 토대는 그대로지!
흥!

그것이 영어나 일본어와 비슷해지지는 않을 거야.
당연히 다르다고~!
영어
일어

그런 면에서 우리가 외래어의 영향이라고 말하는 것은

오로지 어휘 측면뿐이라고 할 수 있어.
단어
척!

어휘는 문화를 반영하는 것이므로 늘 변해.

외래어의 영향을 받기도 하고, 새로운 어휘가 생겨나기도 하지.
coffee
라디오
카페
블로그
트위터 등등...

컴퓨터가 만들어지기 전에는 컴퓨터라는 단어가 존재하지 않았어.
컴퓨터

어휘만큼 끊임없이 외래 문물과 상호작용하면서 변해 가는 것도 찾기 힘들 거야.

발음이나 구조는 상대적으로 외래어의 영향을 덜 받거나, 아예 받지 않는다고 볼 수 있지만
발음은 고유의 것이라네~.
언어 구조도 마찬가지~.

어휘는 사물의 이름을 나타내는 것이 많기 때문에
BUS

문화 교류와 밀접한 관련이 있지. 한국어만 그런 건 아니야.
허 허 허
하하 하

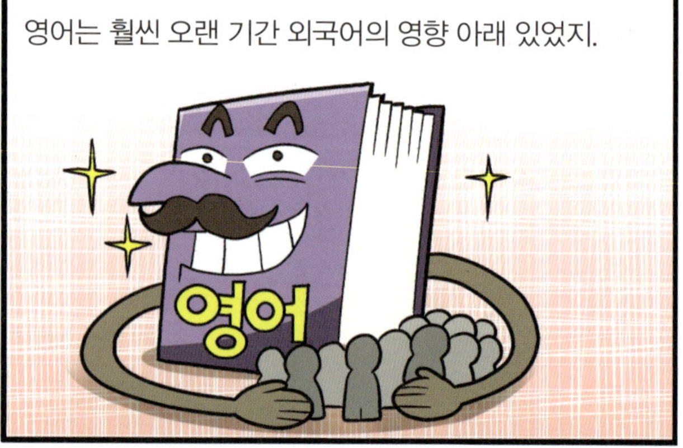

영어는 훨씬 오랜 기간 외국어의 영향 아래 있었지.
영어

449년에 앵글로·색슨족이 영국 섬으로 이주한 이후 지금까지
앵글로 색슨 족

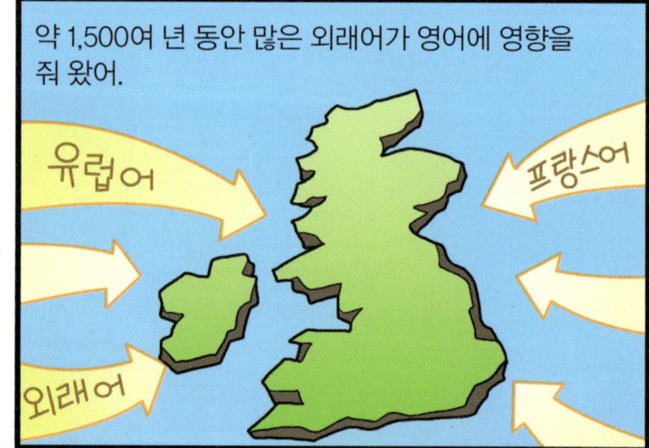

약 1,500여 년 동안 많은 외래어가 영어에 영향을 줘 왔어.
유럽어
프랑스어
외래어

특히 11세기부터 약 300년 동안은 프랑스가 영국을 지배하면서
영국

상류층은 프랑스어를 사용하고 하류층만이 영어를 사용했지.
봉주르
우린 영어밖에 몰라서…….

한국인이 36년간 일제의 지배를 받은 것과 비교하면
나라 잃은 신세야.

영어는 10배가 넘는 기간 동안 프랑스어의 지배를 받은 셈이야.
우린 300년이나.
우린 36년.

학술, 법률, 정치, 경제, 예술, 요리 등
학술
법률, 정치
경제, 예술, 요리 등등…
쿵
쿵
쿵
영국

사회와 개인 삶의 전 분야에 걸쳐 프랑스어 어휘들이 도입됐지.

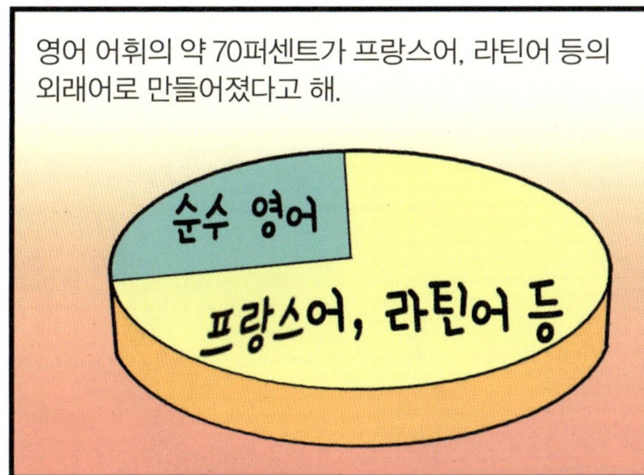

영어 어휘의 약 70퍼센트가 프랑스어, 라틴어 등의 외래어로 만들어졌다고 해.
순수 영어
프랑스어, 라틴어 등

father, mother
one, two
oak, tree
School
law, beef
기본어휘
외래어휘
VS

다시 말해, 순수 언어란 존재할 수 없다는 말이야.
문물이 교류되는 한 그 문물과 더불어 어휘들도 교류되기 때문이지.
언어
언어

영어가 이웃한 나라 언어들의 영향을 받으면서 변해 온 것처럼,
영어
프랑스어
라틴어
외래어

한국어는 이웃나라 언어들과 영향을 주고받으면서 변해 온 거야.
중국
한국
일본

그렇다면 한국어의 외래어들은 그대로 두고 사용해야 할까?
음……
한국어
일어
중국어
영어

아니면 외래어들을 모두 골라내고 순수 한국어를 사용해야 할까?
순수 우리말만 쓰자!
퍽
외래어

언어학적 입장에서 모든 외래어를 골라내 제거하는 것은 불가능해.

아니, 사실 외래어와 순수한 한국어를 구분하는 것조차 불가능하지.
순수어를 찾아라!!
비슷비슷하네?

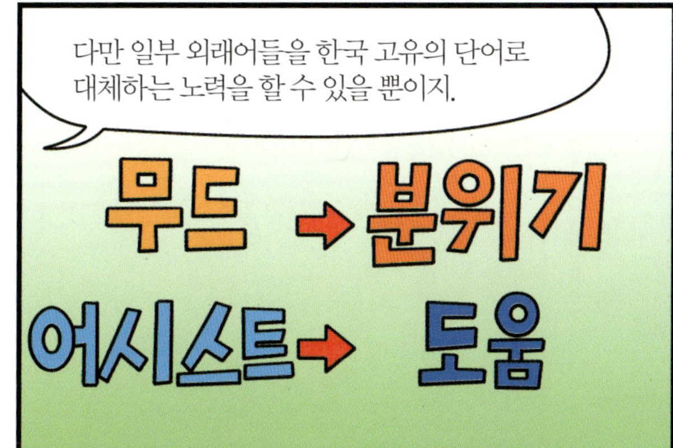

다만 일부 외래어들을 한국 고유의 단어로 대체하는 노력을 할 수 있을 뿐이지.
무드 → 분위기
어시스트 → 도움

이 장의 맨 앞에서 제시한 인용문을 순수 한국말로 대체해 볼까?
토스트, 버스, 스쿨, 커피숍, 에스프레소, 디파트먼트, 그로서리, 버스데이, 치즈 케이크, 서브웨이, 텔레비전

BUS
나는 아침에 빵을 먹고 이동차를 타고 학교에 가서 영어, 음악을 가르치고 점심을 먹은 후 다시 공부를 한 후 커피가게에서 에스프레소를 마신 후 백화점에 가서 채소를 좀 산 후 생일선물을 사고 치즈빵 한 조각을 사 먹은 후 지하철로 집에 와서 텔레비전을 본다.

어때? 외래어가 좀 줄어든 것 같니?

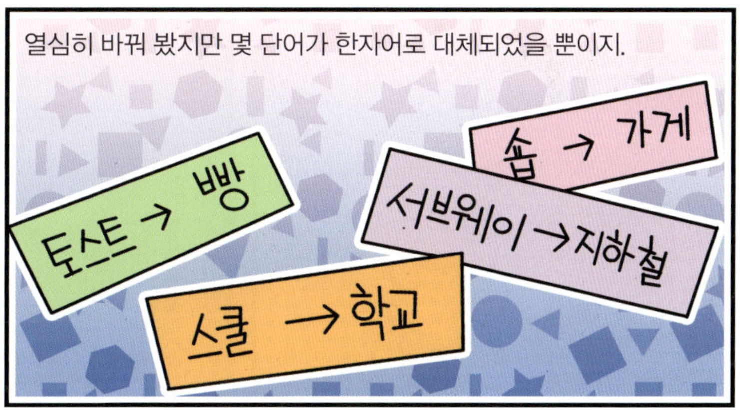

열심히 바꿔 봤지만 몇 단어가 한자어로 대체되었을 뿐이지.
토스트 → 빵
숍 → 가게
서브웨이 → 지하철
스쿨 → 학교

게다가 '버스'를 '이동차'로 대체하는 것이 적절할까?
이동차?
BUS
이동차

치즈 케이크도 마찬가지야.
한국어로 뭐라 하지?
옮길 만한 순수 한국어가 없는걸.

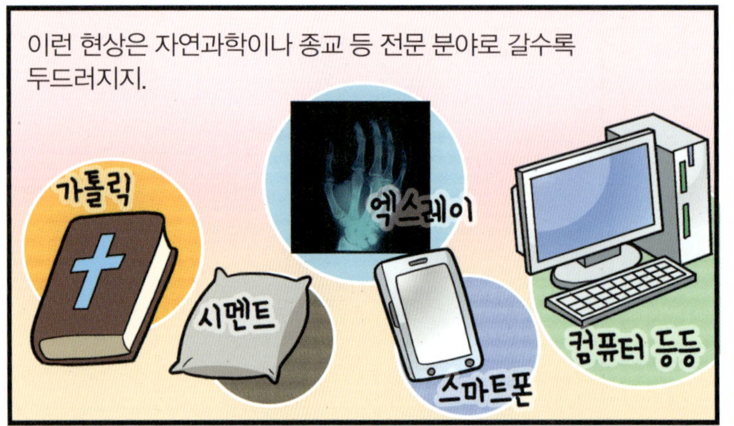

이런 현상은 자연과학이나 종교 등 전문 분야로 갈수록 두드러지지.
가톨릭
엑스레이
시멘트
스마트폰
컴퓨터 등등

그렇다면 한국어에서 한자어는 외래어라고 해야 할까?
으음?
한자

한자어는 한국 문화의 일부이므로 한국말이라는 주장이 있는가 하면,
같은 한국말로 봐야 합니다!

중국의 어휘들이 들어온 것이므로 외래어라고 봐야 한다는 주장도 있어.
한국이 아닌 중국 문자이니 외국어라 봐야지!
국어사전
옳소!

하지만 한국말이든 외래어든 간에 분명한 건,

한자어는 한국어의 고유 어휘는 아니라는 점이야.
중국이 고향이다해~!

즉, 한자어는 옛날에 들어온 외래어이고,
청나라
외래어
조선
외래어

영어는 최근에 들어온 외래어 혹은 외국어인 거지.
하이!

100년이 지난 후 우리의 후손들이

여전히 영어 외래어를 사용한다면,
…… 버스……
…… 토스트……
모닝……

그들도 영어 외래어를 한국어의 일부로 볼까?
택시, 돈가스, 린스,
다운로드, 스피커,
코드, 키
이젠 우리말 아닐까?

아니면 외래어로 간주하고 있을까?
외국어는
외국어일뿐!
스포츠, 엔진,
점퍼, 카페,
스트라이크 등등

1,000년 전에 우리 조상들은 한자어를 우리말로
인식했을까?
하늘 천 땅 지 검을 현……

아니면 외래어나 외국어로 간주했을까?
한자는 중국에서
왔으니 외국어!
그런가?

지금처럼 지구촌이
하나가 되어 문물과 문명이 교류되는
상황에서는 고유어만으로 사물의
이름을 나타낼 수는 없어.

텔레비전을 순우리말로 어떻게 부를 수 있을까?

중국에서는 전뇌(電腦)라고 한다는데,
우린 전뇌라 부른다해!

우리가 그렇게 부를 필요는 없겠지?

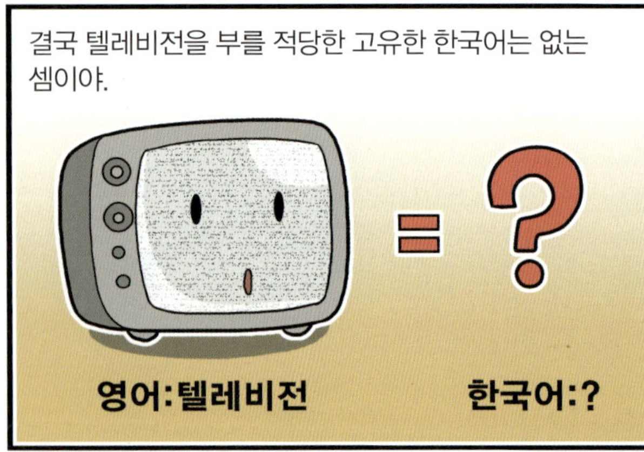

결국 텔레비전을 부를 적당한 고유한 한국어는 없는 셈이야.
영어:텔레비전
=
?
한국어:?

텔레비전은 외국에서 도입된 사물이므로 우리 말로 된 명칭이 있을 리가 없지.
애초에 한국에서 태어난 것들이 아니니……

'한글전용운동'이라는 말 들어본 적 있니?
'한글전용'이란 모든 어휘를 한국어로 바꾸어 사용하는 걸 말해.

1948년 10월 9일에 '한글전용에 관한 법률'이 공포된 후
한글전용에 관한 법률

한글전용정책이 꾸준히 유지되었고,

1988년에는 한글만을 사용하는 「한겨레신문」이 창간되기도 했어.
한겨레신문
창간!

한글전용운동은 일본 제국주의의 한글 말살 정책에 대항한

애국 운동으로 간주되어 폭넓은 지지를 받기도 했지.
한글전용운동!
와
와
촤 악

하지만 유럽에선 라틴어를 초등학생에게도 가르치는데,
luna

아시아 문화권의 라틴어와 같은 역할을 하는 한자어를 배격한다는 건 지적 퇴보가 아닐까?
중국어
……

1999년 문화관광부가 한자병용 추진 방안을 발표한 이래로

한글전용을 둘러싼 논쟁은 여전히 진행 중이야.
한글을 더 써야 해!
한자도 함께 쓰자!

최근에는 오히려 한자 조기교육 붐이 일어나고,
한자학원
한자

한자능력검정시험이 전국을 휩쓰는 현상도 벌어지고 있지.

국가의 공문서에 한글이 등장한 건 갑오개혁을 전후해서야.

고종 32년인 1895년에 내린 칙령으로 한글은 비로소 역사의 표면에 떠오르게 되었지.

척
법률 명령은 다 국문으로 써 본을 삼고 한역을 붙이며, 혹 국한문을 혼용함.

역사적 전환을 이끈 선구자는 유길준이라는 사람인데,

그는 기행문인 『서유견문』을 국한문 혼용으로 지었어.
西遊見聞

우쓱
西遊見聞
당시로서는 정말 혁명적 사건이었지.

이전까지는 학자라면 반드시 한문으로 저술을 해야 하는 줄 알고 있었거든.

그리고 고종 32년 드디어 한글 신문인 「독립신문」이 발간됐어.
둥

이 신문은 한국 최초의 민간 신문이었다는 점도 중요하지만
신문이오
오~

순 한글로만 되어 있다는 점에서 한글 발전에 한 획을 긋는 사건이었단다.
다 한글이네!

유길준, 서재필, 주시경 등
유길준
서재필
주시경

선각자에 의해 이끌어진 말과 글에 대한 수호 노력은

그 뒤로도 큰 영향을 미쳤지.

갖은 탄압이 끊이지 않았던 일제강점기에 한국어와 한글이 살아남게 된 것도 이분들 덕분일 거야.

이러한 노력은 주시경 등을 중심으로 한 '조선어학회'의 창립으로 이어지면서
조 선 어 학 회

후대 '한글학회'의 기초를 다지게 됐어.

조선어학회에서는 표준말 제정에 착수했고,

1936년에는 사전 편찬을 맡아 그해 10월에 『표준말 모음』을 발표했지.
표준말 모음

1933년에는 〈한글맞춤법통일안〉을 공포했고,
공포합니다

1941년에는 외래어를 표기하는 방법을 연구하여 그 통일안을 발표했어.

이처럼 한국어와 한글에 대한 한민족의 자부심과 사랑은 전 세계적으로도 유명하단다.

자국어 사랑으로 유명한 또 하나의 나라인 프랑스 사람들은

심지어 영어를 배척하고 프랑스어를 애용하는 것을 법으로 정하기까지 했어.
앞으로 프랑스어를 철저히 사용할 것!
탕
탕

한편 북한은 많은 외래어와 외국어 어휘들을
caramel
knock
mask
bus

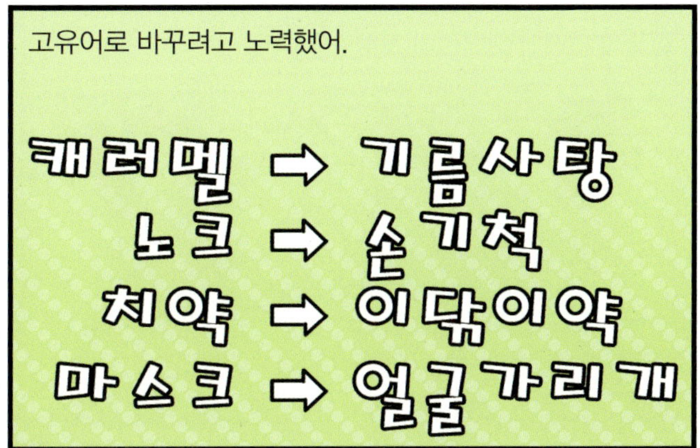

고유어로 바꾸려고 노력했어.
캐러멜 ➡ 기름사탕
노크 ➡ 손기척
치약 ➡ 이닦이약
마스크 ➡ 얼굴가리개

그러나 때로는 언어를 사용하는 대중이 그러한 시도를 따르지 않아

많은 신조어들이 사장되기도 하지.
핵
신조어
통
언어 쓰레기통

예를 들어 아이스크림을 '얼음 보숭이'로 고쳐 놓았지만
보숭 보숭
얼음 보숭이
아이스크림

오늘부터 아이스크림이 아니라 얼음보숭이로 부르시오!
갑자기 뭔 일이래?
그냥 편하게 부르던 대로 하면 어때서!

일반인들이 여전히 '아이스크림'을 사용하는 바람에
보숭이는 무슨……. 아이스크림이 낫지.
할짝

신조어인 '얼음 보숭이'는 사라지고 있는 상황이야.
휘 잉
아이스크림
얼음보숭이

한글과 외래어를 적절히 조합함으로써
합
체
한글
외래어

재미있는 언어적 효과를 내기도 해.
펑

길을 가다가 재미있는 간판들을 본 적이 있을 거야.
!
내가사

'내가사케'라는 일본식 술집,
내가사케
내가 살게

'Mr. 닭터'라는 치킨가게,
Mr. 닭터

'돈거돈락'이라는 삼겹살 가게 등
돈 거 돈 락

한국말 같으면서도 외래어 같은 이런 상호들은
닭 터
내가사케
돈거돈락

재미있고 눈에 쏙쏙 들어오는 광고 카피의 전형적인 예야.
재밌어서 효과 만점!

과도한 외래어 남용은 피해야겠지만,
어제 사커 경기를 보는데 배가 헝그리해서 누들을 이팅했지.
뭐라니? 꼴불견이야.

모든 외래어를 제거하려는 노력도 무모하다고 할 수 있어.
오직 순수 우리말만 쓸 거야!
한국어사수
외래어 척결!!
굳이 그럴 필요까지는 …….

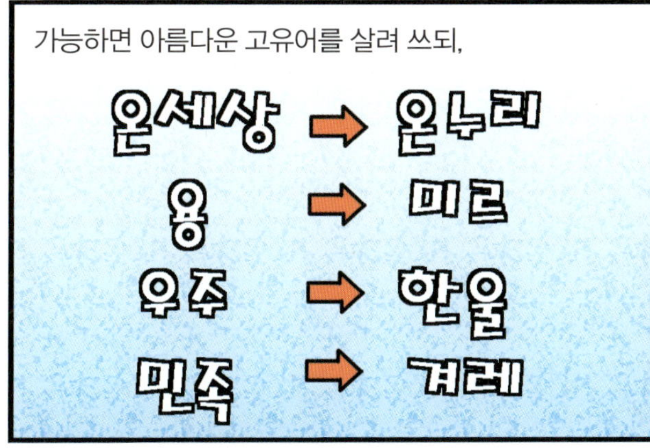
가능하면 아름다운 고유어를 살려 쓰되,
온세상 ➡ 온누리
용 ➡ 미르
우주 ➡ 한울
민족 ➡ 겨레

불가피한 경우에는 외래어를 써서
커피와 토스트 주세요.

한국어의 표현력을 신장시키는 것이 필요하겠지.

굳이 순수 한국말이냐 외래어냐를 구분할 필요는 없을 것 같아
잘 지내보세.
그래.
한국어
외래어

표현력을 높이면서 우리말의 아름다움을 추구할 수 있다면

약간의 외래어를 섞어 사용하는 건
그리 해롭지 않을 것 같아!

도상은 간단한 의미를 갖는 그림

오른쪽 그림은 어디서 많이 볼 수 있을까요? 물론 화장실입니다. 전 세계 어느 곳을 가든 이와 동일하거나 아주 유사한 그림을 화장실에서 볼 수 있어요. 여자 화장실은 왼쪽의 여자 그림만 있고, 남자 화장실은 중간의 남자 그림만 있지요. 장애우를 위한 화장실에는 오른쪽에 있는 휠체어를 탄 사람 모습의 그림이 있습니다.

전 세계 사람들이 한눈에 알아 볼 수 있는 화장실 아이콘.

이런 그림을 보통 아이콘(icon)이라 하는데, 이런 식으로 어떤 의미를 가진 그림들을 연구하는 분야를 도상학이라 합니다. 아이콘이란 서양 미술학에서 예수상만을 의미했었는데, 차츰 의미가 넓어져서 이제는 의미를 가질 수 있는 모든 모양을 가리키게 되었습니다.

그런데 미술에서는 도상학이란 용어를 특히 기독교나 불교 미술과 관련하여 사용합니다. 조각이나 그림에 나타난 여러 형상의 종교적 의미를 밝히는 것 말입니다. 현대 미술에 와서는 도상학이란 용어를 어떤 특수한 정신적, 사회적 의미와 연관이 있는 특정한 이미지를 표현하는 것으로 사용하기도 합니다.

도상을 단순히 기호라는 의미로 사용하자면 논의가 더 간단해지겠지요. 언어학과 관련하여 도상은 비교적 간단한 의미를 가지는 단순한 그림을 말합니다. 위에서 본 화장실 표시가 그 예입니다. 문자를 사용하는 대신에 도상을 사용하는 이유는 무엇일까요? 그것은 이 세상에 다양한 언어들이 있고 언어들마다 동일한 개념을 나타내는 어휘가 다르기 때문입니다. 화장실을 각 나라말로 써 놓는다면 그 언어를 모르는 외국인은 의미를 알 수 없을 것입니다. 그러나 누구나가 상식적으로 알 수 있는 그림으로 표시한다면, 비록 해당 언어를 모르는 외국인이라 하더라도

그 의미를 쉽게 알아볼 수 있겠지요. 그래서 교통신호라든가 화장실, 혹은 식당과 같은 곳에서는 문자 대신에 도상을 선호합니다. 그러나 종종 상식적이라고 생각했던 도상의 의미가 외국인에게 올바르게 전달되지 않는 경우도 있습니다. 특히 음식점에서 그런 일이 자주 발생하지요. 그래서 어떤 음식점에서는 아예 음식 사진이나 견본 음식을 비치하기도 하지요. 사진이 있는 메뉴판이라면 음식을 주문하기가 편리하겠지요?

　　오직 종이에 인쇄만 할 수 있었던 시대에는 멋진 천연색 사진을 찍어 메뉴판을 준비하는 것이 어려울 수도 있고 비용이 들기도 할 것입니다. 그러나 디지털 미디어 시대에는 굳이 인쇄를 하지 않고도 스크린에 총천연색으로 더 멋진 사진을 올릴 수도 있습니다. 그렇기 때문에 이제 문자의 힘은 점점 더 약해질 것이라고 생각됩니다. 종이와 글자가 하던 역할을 점점 더 스크린과 이미지가 대신하게 되었으니까요. 그런 의미에서 언어의 운명, 특히 문자언어의 운명도 다소 바뀌지 않을까요?

음식 사진을 볼 수 있는 메뉴판.

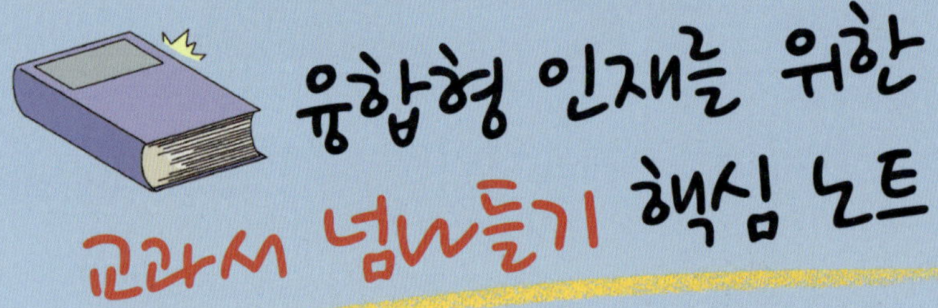

넘나들며 읽기

새롭고 창의적인 키워드를 만들어 내기 위해서는 기존의 개념을 잘 이해해야 합니다. 창의적인 것이란 이 세상에 존재하지 않는 것을 만들어 내는 것이 아니라 기존의 것들을 잘 섞고 혼합하여 폭을 넓히면서 만들어지는 것이니까요. 이 책에서 읽은 내용을 바탕으로 창의적인 사고를 펼쳐 볼까요?

언어는 어떻게 문명을 발전시켰을까요?

문자가 있기 전에 인류는 어떻게 서로의 생각을 알았을까요? 인류는 태초에 그림을 통해서 혹은 노래나 말로 의사 표현을 했다고도 해요. 그러다가 글자라는 것을 발견하게 된 것이지요. 그래서 최초의 문학은 입에서 입으로 전해지는 구전의 형태를 띠고 있었어요. 입에서 입으로 전달되다가, 문자로 기록되고, 그 문자를 읽고 향유하는 형태로 발전이 된 것입니다. 사실 '문학'은 문자가 생기고 정착하면서 생긴 '쓰기'와 '읽기'의 예술입니다. 이렇게 '문자'가 예술을 만들고 서로 이해하는 것을 가능하게 했기 때문에 인류 최대의 발견이 바로 '문자'의 발견이라고 해요.

우리는 문자를 모르는 사람도 영화나 사진 등 이미지를 보면 쉽게 그 내용을 이해할 것이라고 믿습니다. 그러나 놀랍게도 문자를 읽을 줄 모르는 사람, 문자를 읽는 훈련이 안된 사회에서는 영화나 사진을 봐도 이해하지 못합니다. 아프리카 대학의 윌슨 교수라는 사람은 아프리카 원주민들에게 위생 관념을 알려주기 위해 영상을 만들어서 보여 주었다고 합니다. 구덩이에서 고여 있는 물을 퍼내고, 빈 깡통을 치워 버리는 등의 일을 보여 준 것이죠. 그리고 원주민들에게 무엇을 보았느냐고 물었습니다. 그런데 놀랍게도 그들은 모두 닭 한 마리를 보았다고 말하는 것이었습니다. 정작 영상을 만든 교수나 연구진들은 닭이 나온다는 사실 자체를 알지도 못했는데 말이죠. 필름을 다시 보니 고여 있는 물 옆에 닭 한 마리가 하늘을 향해서 날아갔습니다. 전체 5분 길이에서 단 1초 정도에 불과했던 장면이었는데 모든 원주민, 대략 30명의 원주민은 전체 영상을 보면서 닭을 보았다고 반응했다는 것입니다.

위의 예는 문자 해독능력이 모든 해석 능력의 핵심이라는 것을 알려주는 것이에요. 요즘은 사진기로 사진을 찍을 때 초점을 자동으로 맞추게 되죠? 이처럼 우리가 사진을 볼 때에는 중심을 보는 초점 기능이라는 것이 나도 모르게 작동된다는 것을 알 수 있습니다. 태초의 동굴 벽화를 보면, 벽화에 그려진 그림은 시간, 공간을 무시한 평면에 모든 가치를 한 화면에 담았다는 독특한 점을 알 수 있습니다. 문자를 몰랐던 고대인들에게 그림의 화폭은 시간과 공간을 그리고 원근법을 초월하는 어떤 것이었던 것이죠. 즉 우리가 글을 읽고, 이미지를 보고, 영화를 보는 것은 글자를 통해 교육받은 내용 덕분이라는 걸 알 수 있다는 것입니다.

이렇게 우리가 일상적으로 느끼는 법칙들, 문자를 읽는 법칙, 글을 쓰는 법칙, 그리고 사진을 보는 법칙 등은 문자의 발견과 함께 인간에게 습득된 새로운 기술입니다. 약 100년 전 영화, 사진의 발견이 새로운 시대를 열었듯이, 문자는 약 5,000년 전에 생긴 새로운 문명의 기술인 것입니다. 지금 우리는 스마트폰, 태블릿PC 등의 매체가 새로운 문화를 만들어 내고 있다는 것을 알고 있습니다. 이런 새로운 매체들은 새로운 문화를 만들어 냅니다.

예전에는 작가들만이 스토리를 만들어 낸다고 생각했다면 지금은 우리 모두가 자기만의 스토리를 만들어내는 세상이 된 거죠. 문학작품은 순서대로 작가가 만든 대로 읽으면서 감상하게 되어 있지만, 게임은 똑같은 캐릭터를 활용하더라도, 자기가 원하는 스타일로 꾸면서 자기가 원하는 스토리를 만들게 된다는 것이죠. 새로운 미디어가 생기면 새로운 예술은 생깁니다. 글자가 전 인류의 정신세계를 발전시켰듯이, 또 새로운 미디어가 인류의 새로운 정신세계를 열 수 있을지도 모릅니다.

더 생각해 보기

- 언어가 인류의 커뮤니케이션 수단이라는 점은 우리가 배웠죠? 언어의 기능 중 핵심은 그 기원을 따져보아도 알 수 있듯이 서로의 의견을 소통하는 것이에요. 그래서 어휘의 수가 인간 사고력의 틀과 문명의 발전 척도를 증명한다는 연구도 있어요. 철학적이고 이성적인 어휘들이 많은 것은 서양적 사고가 좀 더 이성적이고 합리적이기 때문이라고도 합니다. 이처럼 언어가 그 민족의 사회성을 반영한다고 보면 한국어가 영어와 달리 가진 특성은 어떤 것일까요? 언어의 사회적 측면을 고려해서 생각해 봅시다.

창의적 독서란 책이 주는 정보를 정보 그대로 이해하는 것이 아니라 자기 것으로 만드는 독서를 일컫는 말입니다. 이 책에서 넘나들기를 한 분야 외에 세상의 많은 분야와 정보가 모두 이 책을 중심으로 뻗어나갈 수 있을 것입니다. 이 질문은 여러분들이 창의적인 상상을 할 수 있도록 도와주는 것들입니다. 최선의 답은 있으나 정답이 있는 것은 아닙니다. 책의 내용과 관련지어 다음과 같은 질문들에 간단하게 생각을 해 봅시다.

세대에 따라서, 혹은 지역에 따라서 사용하는 말은 차이가 나기도 합니다. 최근 우리는 인터넷의 발달로 인해 끼리끼리 쓰는 일명 외계어, 이모티콘을 활용한 언어들이 늘어가고 있습니다. 어른들은 맞는 말이 아니라면서 그런 단어를 쓰지 말라고 합니다. 일단 양쪽의 논리를 모두 정리해보고, 외계어가 필요하다는 입장에서 글을 써보아요.

외계어도 필요하다는 입장

표준어를 써야한다는 입장

세종대왕이 한글을 발견하기까지, 그리고 그 이후로도 꽤 오랜 시간 동안 우리는 한자를 글자로 하여 우리말을 표현해 왔습니다. 그래서 글과 말이 불일치하는 현상을 꽤 오랫동안 겪어왔어요. 그래서인지 한국에서는 이를 활용한 말놀이가 많이 발달되었습니다. 예를 들어 『춘향전』에 나오는 "너의 서방인지 남방인지 걸인하나 내려 왔다.", 봉산탈춤에 나오는 "개잘량이라는 '양'자에 개다리소반이라는 '반'자 쓰는 양반이 나오신단 말이오." 등이 그런 부분들입니다. 이런 말놀이는 현대에서는 노래 가사 등에서도 많이 활용됩니다. 말놀이가 되는 노래 가사를 써봅시다.

언어학자들이 자주 인용하는 이야기 중 성서에 등장하는 바벨탑 이
야기가 있습니다. 다음의 이야기는 성경의 바벨탑 이야기이고, 다음의
그림은 피테르 브뤼헐(Pieter bruegel)이 그린 〈바벨탑〉이에요. 바벨탑
의 이야기와 그림을 보면서 '언어'의 특성에 대해서 설명해 봅시다.

온 세상이 같은 말을 하던 시대가 있었다. 신의 뜻에 따라서 움직이면서 그 말로
만 하고 있었다. 그런데 사람들이 자신들의 이름을 알리기 위해 성읍을 세우고
탑을 하늘에 닿을 때까지 세우자고 하면서 신의 노여움을 샀다. 신에게 도전한
인간에게 분노한 신은 온 땅의 언어를 섞어서 혼잡하게 만들어 버렸다. 순식간
에 언어가 혼란스러워진 인간은 말이 통하지 않아 탑을 완성하지 못했다.

(창세기 11장 1절 – 9절)

피테르 브뤼헐(Pieter bruegel), 바벨탑, 1558~1568년/ 유화/보이만스 반 뵈닝겐
미술관 소장.

1) 언어가 가진 특성 중에 커뮤니케이션 능력이 얼마나 크고 중요한가 하는 점
2) 다양한 언어의 기원이 같을 수 있다는 점 등을 고려해서 자신의 언어로 풀
어보세요.

이어령의 교과서 넘나들기 언어편

펴낸날	초판 1쇄 2013년 4월 26일
	초판 2쇄 2013년 9월 11일

콘텐츠 크리에이터	이어령
지은이	장영준
그린이	김기수
기 획	손영운
펴낸이	심만수
펴낸곳	(주)살림출판사
출판등록	1989년 11월 1일 제9-210호

주소	경기도 파주시 문발동 522-1
전화	031-955-1350 팩스 031-624-1356
홈페이지	http://www.sallimbooks.com
이메일	book@sallimbooks.com

ISBN	978-89-522-2318-0 03700
	978-89-522-1531-4 (세트)

※ 값은 뒤표지에 있습니다.
※ 잘못 만들어진 책은 구입하신 서점에서 바꾸어 드립니다.
※ 본문에 수록된 도판의 저작권에 문제가 있을 시
   저작권자와 추후 협의할 수 있습니다.

책임편집 **장선영**